因為有雨，所以彩虹

原民漢子林慶台的生命故事

林慶台——口述
曾子昂、王心瑩——撰文

【推薦文】

因為了解，所以認同

魏德聖（導演）

《賽德克．巴萊》還沒有開始籌備之前，在所有演員裡面，我最擔心的就是能不能找到飾演莫那．魯道的人。但很意外地，就在正要籌備的時候，有人介紹我去找一個人，而那個人本來是要帶我們去找大慶，可是我一下車看到那個人，也就是林慶台傳道師，就覺得這個人對了，我不知道為什麼，但心裡想著自己應該不會這麼幸運吧，卻又不敢確定。在他請我們吃午飯的整個過程中，我一直觀察他的動作和說話的樣子，還有他那強人所難的霸氣，愈看就覺得愈對，只不過人就是貪心，雖然覺得這個人對了，但事情應該不會這麼簡單，搞不好後面還有一個更好的、更厲害的人在等我。事實證明，這個人就對了。

一開始覺得林慶台傳道師很適合演莫那．魯道的原因除了外型，他的個性也和莫那．魯道很像，問題是，長得像不會很難搞，個性像就難搞了。所以最初他對我們要拍《賽德克．巴萊》是有敵意的，不管是談價錢或溝通戲劇時，他的防備心很重，而且不信任，就是那種很泰雅族的觀念。可是愈到後面，他慢慢看見我們為什麼要做這件事，也看見我們所有人的努力，因此配合度愈來愈高，甚至宣傳期時也是百分之百配合。不過在拍攝過程中，我完全不清楚他有仇視漢人的情結以及對自己的懷疑，一直到宣傳期跑通告的時候，才知道他以前求學的過程和離開部落後遭欺負、酗酒的事情。

一直以來，我接觸過不少原住民，也很清楚他們的努力，但其實我並不希望總是從這個小的角度去看待他們努力這件事，因為這種角度永遠屬於個人感情，永遠是這個人怎麼樣、那個人怎麼樣。我在寫《賽德克．巴萊》的故事時，觀察過很多原住民現在和過去的狀況，我得到一個答案，那就是原住民先天的觀念是樂天、知足的，而這種觀念一直影響他們到現在，所以他們一直覺得這樣就夠了。但外面的人又會覺得，既然夠了，那麼多餘的就給他，給到最後的結果就是怎麼樣都不夠。於是長久以來，原住民變成貧困的象徵，以前那種知足的觀念讓他們現在無法知足了，無論怎麼努力都滿足不了生活的需求。

如今，原住民的菁英份子，特別是像慶台傳道師或知識青年，他們肩上的壓力與包袱更大，除了教育孩子們如何免於貧困，不因生活上的不滿足而毀掉自己，還要創造一個更重要的東西，那就是「部落經濟」。對我來說，原住民最重要的經濟來源就是他們的「文化」，但這也是讓原住民菁英份子很無力的地方。我曾和慶台傳道師聊過，發現他的無力感並不是不願意努力經濟，而是現在連人都兜不起來，又該如何努力？除非回到從前原住民共產、共享的概念，但這是有難度的。以前漢人曾經掠奪、侵占他們很多東西，所以現在漢人的知識份子、菁英份子也要努力幫助原住民，讓他們在文化和經濟中得到自足，這是漢人可以努力回饋的，不見得要給錢，而是用我們某一個領域的專業與他們結合，協助他們開發屬於他們自己的東西。我想，我們要做的就是協助他們這一塊。

在拍完《賽德克．巴萊》之後，幾乎百分之八、九十以上的演員馬上回到自己的工作崗位，我覺得這是最讓我感動的地方。他們的目的不是要當大明星，他們的任務就是完成一個祖先交派給他們的任務，完成後就回到自己的位置。慶台傳道師拍完戲後毅然決然回去部落，雖然有時我覺得很可惜，因為得知他推掉很多可以讓他賺大錢的演出，看他現在過得滿辛苦，無論是整合部落或實現他的理念，在各方面並沒有那麼容易，但感覺得到他認為這是個甜蜜的負擔。

其實，要講原住民的問題是講不完的，從慶台傳道師自己的生命經驗裡，剛好是整個原住民社會和漢人社會以及傳統和文明之間折衝下的濃縮，這些在他個人的生命經驗中可以看得非常清楚。我想，只要看過《因為有雨，所以彩虹》這本書，對於整個原、漢之間的衝突以及原住民彼此之間的矛盾，應該會有更多了解，就像《賽德克．巴萊》想要傳達的意義：因為了解，才會產生認同感，而不是同情，不了解才會有同情和歧視；其實同情和歧視是一樣的，但重要的是，如何讓現代人除了同情和歧視之外，還能真正了解、諒解，甚至達成和平、互相協助、共同創造。台灣很小，我們要創造台灣共同的未來，不是漢人的未來或原住民的未來，而是結合兩者，同時保留彼此的傳統文化。

【推薦文】

建立一個接納、包容、尊重的國度

鄭文仁（台灣基督長老教會總會議長）

《因為有雨，所以彩虹》是電影《賽德克．巴萊》中飾演主角莫那．魯道的明星傳道人林慶台（原住民名為Nolay Piho）的作品，這本書與其說是描寫他的生命見證，也可說是台灣原住民百年來變遷的縮影記載。

他是台灣泰雅族原住民，在祖先的生活模式和規範中活得自由自在，但歷經日本、國民黨政府等不同外來政權的治理方式而產生莫大衝擊，致使他對本身文化的認同、身分的認同、基本的尊嚴……均受到莫大的羞辱、歧視、打壓與邊緣化，生命心靈遭受無比的斲傷，猶如跌入死蔭的幽谷，而過著自我放逐、酗酒的日子，甚至內心充滿止不住的怨恨。

好在他遇見神，被神揀召進入玉山神學院接受裝備、造就，成為服事神之全職傳道人，讓他的人生逐走向光明、豁達並擁有開朗的處世態度。

林慶台傳道師目前是台灣基督長老教會的傳道師，他志願回到坐落於大台北地區唯一有原住民（泰雅族）居住的烏來地區，而且到最偏遠且深山的福山部落，在福山長老教會當個稱職的傳道人。他秉著耶穌基督犧牲奉獻的信仰精神，做主耶穌基督的忠僕，點著黑暗中的燈要照亮整個部落，努力使教會成為部落之盼望的記號。

期待《因為有雨，所以彩虹》的出版讓更多人得到鼓勵，更願台灣的每位住民都認同台灣這個美麗的寶島，不分族群，不分地域，彼此接納、包容、尊重，建立一個在地上如同在天上的國度。

【推薦文】

轉過身來，擁抱自己的天賦

孫大川 Paelabang danapan
（政治大學台文所兼任副教授、監察院副院長）

對台灣原住民個別生命姿態的理解，一直是我長期關心的主題。大歷史的敘述固然是原住民歷史、文化重建的一環，但如果沒有具體生命與人格的支撐，敘述就成了框架，除了時間和事件的編排，故事沒有主角，沒有一張清晰的臉，沒有溫度。然而對傳統上不用文字的原住民來說，這又是一項極度困難的工作。

這些年來，我盡可能蒐集一些這方面的文字、聲音和圖片資料，有口述採訪、日記、手稿、樂譜等，內容包括高砂義勇隊的隊員、日據師範學校培育的原住民知識菁英、戰後初期部落族人驚魂未定的心情故事。慚愧的是，我只完成了有關高砂義勇隊和阿美族耆老Lifok（黃貴潮）的兩篇簡短論文，以及卑南族音樂家、〈美麗的稻穗〉作曲者陸森寶（Baliwakes）的傳記。對這樣的成果，自己一直引以為憾。好在近十幾年來，陸續有一些口述自傳的出版，卑南族作家巴代更以驚人的速度和創作質量，藉小說的形式，以原住民歷史人物為主角，完成一部又一部文學作品，我們終於可以逐漸描繪出原住民祖先的面容，感受到歷史的溫度。

我大致也從這個角度來詮釋魏德聖的電影《賽德克·巴萊》所引發的風潮和意義，僅止於框架式的文化復振及法政設計，無法填補原住民「存在」（to be）的渴望。如今，電影中的主角脫下莫那·魯道的戲服，要以Nolay Piho（諾萊·彼厚，林慶台）的真實身分，跳出來慷慨剖析、分享自己幽曲浮沉的生命，或許這正是一連串原住民「存在性現身」的行動之一。除了幾次在公開場合見過面外，我和Nolay並不認識。電影中的他，無論眼神、說話、動作和性格，都不斷勾起我回憶起少年時代看日本武士片中三船敏郎的回憶。仔細閱讀《因為有雨，所以彩虹》這部口述自傳後，我才有機會和他的生命相遇。

Nolay Piho生於一九六〇年，那是台灣原住民面臨文化歷史斷裂最嚴峻的年代。大航海、明清時期，受衝擊比較嚴重的是平埔原住民，但那是用三百年的時間跨度緩慢涵攝的過程。一八九五年之後，日本五十年的統治雖然深入到花東與中央山脈原住民傳統的生活圈，然而基於對原住民人類學的理解，日本政府設計了特殊的「番政」體系，採取不同於一般行政的措施，原住民文化生活的連續性多少被保存了一部分的活力。一九四五年國府「山地平地化」的政策，迫使原住民徹底暴露在幾乎無設防的政治、經濟、文化和教育體制的穿透下，面臨迅速瓦解的危機。對於這個大背景，編者充分意識到了。認同、適應和種種汙名化所操縱的人格扭曲，成了這一代人共同的災難和記憶。Nolay的生命歷程不是孤絕的特例，是一九五〇年代以後出生的原住民孩子集體的傷痕。

在那個年代能通過一般教育體系的篩子，讀高中、師範甚至大學的原住民孩子是少數中的少數；他們若不讀軍校、警校，則大都輟學，早早進入永不穩定的職場，輾轉於工廠、部落之間。另外一個可能的選擇就是進入「教會」體系，讀神學院。基督宗教在台灣的傳播從荷、西時期就開始，尤其在平埔族和原住民地區。戰後，整個中國淪為無神論共產黨的統治，大批神父、修女、牧師、傳教士被迫集中到台灣來，傳教事業和信眾空前蓬勃、成長。我們部落裡就有不少人選擇了這個道路，懷抱著和 Nolay 同樣的自我救贖的渴望以及獻身的熱情。

從戰後原住民菁英人才分布的情況觀察，體制內、體制外的分流，其實為一九八〇年代後的原住民主體性運動提供了有利的人力和論述條件。體制內掌握黨政資源的原住民菁英固然有其保守、自私的一面，但校園裡民主化、追求尊嚴與人權的學生運動，卻持續展開一波又一波對威權的挑戰。學生們的缺點是沒有資源、沒有組織動員的能力，又因為長期在體制內成長，缺乏對部落草根的理解與族語運用的能力，而這些都是體制外教會菁英的長項。現在回想起來，如果沒有教會系統的支持，反核廢、反瑪家水庫、反雛妓、「原住民」正名、還我土地、還我母語等等運動幾乎不可能成就，「原住民族權利促進會」（原權會）也難以運作。這似乎應驗了《聖經》上說的話：「匠人棄而不用的石頭，反成為屋角的基石。」（瑪竇福音二十一章四十二節）一九八〇年代以來，原住民族委員會的成立、各種專屬法條和基本法的通過，雖然是許多客觀條件所促成，但兩路菁英人才的匯流才是最具動力性的一面。

當然，基督教會不同教派間，甚至同一教派內，對所謂世俗政治或社會運動的參與，也有不同的聲音和反對意見；他們可能更著眼於屬靈的國或永恆的訓導。這之間雖不一定是對立的關係，卻有著不同的應對態度和關懷方向。Nolay在玉山神學院時期和弟弟及好友歐蜜・偉浪的衝突，應該就是這種性格和獻身意向之差異所致。Nolay醉心於雕刻、堅持教會服事、不太參與政治和社會運動、積極投入社區營造和長期的教育計畫，在在顯示除原住民法政權利的「向外」爭取之外，還有一個更根本的道路要走，就是「向內」人格和文化傳統的修復，以及民族創造力的激發。如果前者是to have，那麼後者就是to be了。

八〇年代起，原住民文學、藝術和音樂都有令人刮目相看的表現，這是和法政主體並行的「文化主體」之建構。我認為Nolay會參與《賽德克・巴萊》的演出，並獲致大家的肯定，絕非偶然之事。他的生命裡有to be的性格！或許藉《賽德克・巴萊》牽動出來的生命轉折，Nolay可以好好省視上帝賜予的秉賦，在藝術或演藝志業上，為祖先增添光彩，榮耀那自己一生追隨的主。

【推薦文】

重拾早已被遺忘的時光

胡德夫
（台灣民歌之父、原住民權利促進會創會會長）

請大家來讀讀這一部純正發自泰雅人的口吻精神、以漢字演繹出來的台灣原住民自傳式文學作品《因為有雨，所以彩虹》。讓兩千三百萬人有幸感受在這小小美麗的島嶼上曾經一起生活的某段時光，以及早已被遺忘的人與人的氣味。冀盼這本書中字行之間的精神，能讓原民同胞更LOKAH（加油）、更奮起！同時，島上的人與人之間亦能彼此欣賞出一個更和諧互重的社會。

鄭重推薦！

【推薦文】

回到初衷，實現與上帝的彩虹之約

李晶玉（知名電視節目主播、主持人）

過去，我們從電影《賽德克．巴萊》認識他，如今，透過《因為有雨，所以彩虹》這本書，我們重新認識真實世界的林慶台傳道師！一個曾經遭逢霸凌、滿腹血氣、酗酒成性的男人，在上帝的呼召下，承接了來自父母親宣教的血液，也許有跌倒、有失落、有憤怒，卻也讓我們看到上帝如何使用慶台傳道師，啟動他牧會的恩膏。

身為第二代基督徒傳教師，同時也是泰雅族原住民，慶台傳道師背負著為同胞發聲的使命，即使走過流淚谷，但恩典卻從不離開他。

感謝慶台傳道師的敞開，讓我們透過他的人生經歷去思考生命的價值與目標，也讓我們看見一位泰雅族青年如何在政權的替換、文化的衝擊下，慢慢走出屬於自己的彩虹天堂。

非常喜歡慶台傳道師的一段話：「莫那．魯道只是一個曾經，為神奉獻才是我永遠的志業！」卸下了電影男主角的光環後，慶台傳道師沒有忘記上帝對他的呼喚，他回到了部落、回到了教會，繼續他的牧養與關懷。因為，這是他與上帝的彩虹之約。而上帝也藉著電影

《賽德克．巴萊》祝福了林慶台與他的事工，讓他成為家喻戶曉的傳道師，賜給他新的應許之地——烏來福山教會。

重新認識林慶台，重新了解原住民的弱勢與不容易，捫心自問：我們是不是也能像慶台傳道師一樣，甘於回到屬於自己生命的呼召與命定？慶台傳道師以實際的行動告訴了我們答案。

祝福慶台傳道師與他的教會。

【自序】

關於我的故事

人生

人會慢慢長大。我自己所謂的長大，是到了二十七歲才真正感受到，每一個人的人生和經歷都會隨著環境而改變。

我很小的時候，爸爸就過世了。他年紀很輕就走了，只有四十五歲，那時候我六歲。爸爸過世以後，我們才從他本來傳道的地方回到家鄉，宜蘭縣碧候村。後來媽媽承繼了爸爸的夢想，到各個地方去傳道，沒有辦法照顧孩子，就把我們送到外公外婆家裡，托給他們養育長大。

在外公外婆家，我過著傳統泰雅族的生活，成長過程中完全不了解外面的世界，不知道「台灣」這個概念代表什麼意義。我的世界只有自己生活的部落，我只知道「我們是泰雅族」。我們部落裡也有一些外省人和閩南人，但那對我的影響不大。

不過因為時代變化的關係，因為進入國民政府時代，我進入學校之後必須學習接受另一種文化和語言，以「講國語」為主。我覺得很疑惑，我們是泰雅族，為什麼要讀那些東西？我們有自己的文化和語言啊。

國小上課的時候，我完全搞不清楚為什麼經常被老師打。老師叫我們把注音符號寫在黑板上，然後唸出來，只要唸不出來，老師就修理我們，於是從國小一年級到四年級，經常這樣被老師打。老師為什麼要那樣教學生呢？我完全無法理解。回想起來，我的內心後來累積了那麼多恨意，很有可能從那時候就開始了。

國小畢業以後，我到羅東讀國中，開始碰到「種族歧視」問題。種族歧視是指漢人很喜歡欺負原住民，我也是受害者之一，成長過程中經常遭受漢人欺負。剛開始內心受到很深的傷害，國中一年級就被欺負到沒辦法上學，只好轉學回到家鄉。

到了國中三年級，情況變得不一樣了，我們原住民同學開始會思考，怎麼可以一直被別人欺壓呢？大家覺得一定要站出來爭取自己的尊嚴才行！但是當時的能力與知識很有限，所以等到漢人的混混又來找麻煩的時候，我們便用他們的手段對付回去，開始還手。打了漢人以後，其實也發現，歧視的問題並沒有因此而消失，他們反而變本加厲，結果雙方的衝突愈演愈烈。

我們生活在經常要面對羞辱的環境裡，因此我沒有讀高中。我寧可不讀，因為覺得即使進入高中，面對的情況也是一樣。

進入社會工作後，歧視的問題只有更嚴重，怎麼樣都逃避不了。結果，我慢慢和「酒」發生一段很長時間的關係。喝太多酒、打架鬧事等等，最後胃和肝膽出了問題，讓我的身體慢慢消瘦，一度覺得自己要失去生命了。

在人生的那個階段，最大的轉折是姊姊苦勸我「不要再喝酒了」，也介紹我信耶穌、去教會，後來又鼓勵我去讀神學院。神學院的環境對我產生非常大的影響，我受到很大的感動，慢慢發覺原來人的生命是這麼重要，每個人都要好好珍惜！

另外，我對原住民處境的深刻思考，也是進入神學院以後才真正建立起來。在學校裡，大家會談到文化、歷史和政治的問題，也因為時代發生變化，同學有機會真正參與政治相關的活動，尤其是對原住民議題的主張和抗爭。在原住民運動期間，我沒有太多機會去參與，不過我的想法和大家是一樣的，那時候我們真正了解，原住民應有的福利和未來的發展，沒有人會幫我們爭取和發言，除非我們有自己的民意代表，否則像漢人的立法委員、縣議員等等，沒有人會幫我們講話。這是原住民運動的起源，大家意識到「只能靠自己」！

從神學院畢業後，帶著神學院給我的各方面影響，我開始在部落牧會，與大家分享、見證我的感動。這條路非常辛苦，收入不是很多，但是我清楚看到自己的責任。

牧會以後，我最大的體會是：很多原住民部落的狀況很不好，而我可以利用教會的力量來幫助部落！這是我選擇幫助原住民的途徑。當然挑戰很大，因為部落的教會沒有太多資源，要做的準備及功課很多。幸好我們沒有放棄，勇敢面對各種挑戰和難關，一個一個突破；我們不只執行教會的工作，也靠教會的力量協助部落發展，成立社區發展協會，參與文化傳承、經濟發展等等許多建造工作。我在金岳部落將近二十年，社區和教會一路以來一直平行成長，得到很好的成績，真的很感恩啊！

民族

原住民現在最大的問題是：怎麼樣走出自己的一條路？

我自己是泰雅族，我現在來到的烏來福山這個地方也是泰雅族的村落。就以福山為例，這裡的泰雅族居民未來的路該怎麼走？

我的想法依然是必須從教會開始耕耘。教會是傳遞「生命真理」的團體，帶領你追尋自己的生命意義。一旦認識了上帝，你會發現從現在到永遠，生命的真理永遠與你同在，你絕不孤單。

如果擁有這樣的信仰，你會清楚看到自己的生命道路，因此可以沒有憂慮、更加勇敢地走著自己的道路。這是我深信的真理。所以，我最大的目標就是透過教會的力量，把福山所有的會友結合在一起，共同改變福山的生活。要達到這樣的目標，觀念的認同是很重要的。

我想，未來這幾年我會舉辦培訓活動，用很長的時間進行教育計畫，建立觀念的認同。比如說，我們先訓練二十個族人，我相信他們會站出來，對六十個甚至一百個族人產生影響。就長遠來說，大家都認同一樣的觀念，對未來就有共識，可以一起努力走下去。我們不能忽略福山部落的需要，部落居民更不能懈怠，我們不能再過懶散與抱怨的生活了。

做了一分，就有機會看到一分的成果。所以我只管不斷努力，按著村民的嗜好和興趣，協助他們發展。我想用很長的時間與他們一起挑戰每一件事情，花時間好好陪伴他們，這就是我目前最大的心願和目標。

電影

認識我的朋友都知道我在牧會過程中請了假，演出電影《賽德克．巴萊》。其實本來魏德聖導演找我演出時，我沒有什麼意願，但是經過一段時間的了解，我發現這個導演是真的要好好做這件事！他真的要拍攝原住民的故事。

他親口告訴我，他有個很強烈的願望，希望這部電影可以有更多人參與、影響更多人。這個願望，剛好和我一直以來的願望和目標是一樣的。

原本這部電影只打算找賽德克族和太魯閣族人來演出，並沒有包含泰雅族。後來因為適當人選不好找，把範圍擴大到泰雅族，所以我們很幸運能參與，經過各方面的訓練，有機會演出這部電影。

拍完戲、電影上映之後，口碑和票房都非常好。曾經很多人認為我是明星，我也一度入圍金馬獎及其他電影獎項，但我沒有因為這件事而放棄我要在教會實現的願望，反而因為演出這部電影的機會，對我回到教會的幫助更大。

無論是募集資金或傳播想法，我現在做的事情獲得很多人的認可。像我現在募款做了福山部落教室，這對教會工作和社區發展是非常重要的基礎，能夠凝聚居民的認同和對自己的信心。因為大家看過我這個人，就比較容易有更多人願意協助我們的工作。

我真的非常感恩，也深刻了解到，今天一個特別的決定，很可能會產生不一樣的結果。無論對教會也好、對部落也好、對我自己也好，參與《賽德克．巴萊》這部電影真的對我努力的目標有很大幫助。

未來

台灣原住民的近代史歷經數度殖民、快速失去傳統文化和生命的延續，應該是人類歷史上令人非常遺憾的事件。

過去還沒有殖民的時代，原住民本來有自己的文化傳統和生活模式，但是殖民政權一進來，把原住民的自主權和生活資源全部掠奪，然後強迫歸依於他們的生活方式和文化。經歷那麼長的時間，也經歷不同的殖民政權，到了國民政府進入台灣以後，原住民長時間面臨不同文化的衝擊，原本的生活與存在認同感幾乎快要滅亡了。

幸好我們的長輩在一百年前接受了福音，也就是基督教信仰和上帝的生命，所以即使經歷了那麼多苦難，依然不會放棄自己，反而是面對的情況愈是困難、艱苦，我們還能夠因為信仰的關係而堅持下去。

電影《賽德克．巴萊》述說了原住民和日本人之間的戰爭，一方面讓大家了解過去的歷史，另一方面也讓每個人正視原住民現在的狀況。不過我回到部落裡，像現在的福山，我會對部落的大家說：「不要再去記憶過去的事情了。」

過去畢竟已經過去，是已經發生的事情和產生的問題。我們現在則應該超越仇恨，把心情轉變成該怎麼樣開始凝聚共識。我們不能一直活在別人的刻板印象裡，好像自然而然就變成那樣；像別人常說原住民是「弱勢」，我們不可以活在別人認定的「弱勢」，自己停住了腳步，停住了所有可能凝聚共識、走出屬於我們未來的希望。

所以，我一直對我們的會友說，不要再去回憶過去的事情了。今天要努力的是：真心完全接受上帝的生命和祂的豐厚，那足以讓我們從創傷中覺醒。因為有祂，祂告訴我們什麼是愛，也給予我們撫平心靈的力量。因此，我們不要再顧慮過去、沉溺於以前的悲慘而害怕前進，我們該努力的是把過去祖先的智慧和文化慢慢找回來。

關於這點，我們有很大的責任。時代會變化，民族的生存和延續方式也會不斷改變。我們這一代可能快要過完了，但我們的孩子、我們的孫子、孫子的孩子們，他們要繼續接受往後時代的考驗，如果沒有很穩健的文化根基和生活規律，根本就無法討論孩子們將來會有什麼樣的生活和發展。

這就是現在大家積極討論的問題，「文化」必須要向前推展，才能夠延續下去。坦白說，祖先的傳統生活已經是過去的模式，它不會再回來了，因為現代生活已經不需要那種模式。但是我們也不能因此而全盤接受現代文明，忽略了自己族群的生命特質、文化內涵與精神信仰。其實很多國家雖然都過著現代生活、擁抱現代文明，但是每個國家都有各自不同的文化，那是不同國家人民賴以存活的生命本質。所以我們原住民也要有一個非常明確的認知：我們今天會生存在這裡，擁有這麼好的生命，過著這麼優質的生活，都是因為祖先把生命和精神傳給我們。所以，不需要再沉溺於過去，而是要帶著祖先留給我們的精神，繼續向前邁進！

當然，很多時候人是需要每天受到提醒的，包含我也是。如果沒有提醒和激勵，有些人很快又會陷入悲傷的情緒中。所以就如我前面所說，我希望建立長期的教育計畫，培訓一批人，由他們出發去影響更多的人。我現在對原住民未來的想法就是：教育。不從教育做起的話，永遠沒有機會。

出版

有機會和遠流出版公司合作，是一種默契。

我拍電影絕對是一件滿奇特的事情。一個原本在教會工作、默默無聞的傳道師，一下子變成一個大家都認識的人。其實一個人的成功，背後都有各自很不一樣的生命經歷，所以很多人來找我去演講，請我分享一路走來的生命歷程。

電影的熱潮還沒有消退時，遠流出版公司就有意把我的生命經歷透過文字告訴大家。我等於是一個很特別的例子，我的父母經歷過部落生活到日本統治時期的巨大變化，後來成為原住民最早接受上帝信仰的第一代傳道師；我則是經歷過部落生活到現代生活的劇烈轉變，曾因受到欺負和找不到自我認同，累積很多負面情緒，後來讀神學院有了很大改變，渴望進入原住民部落去服務同樣心境負面的人，希望為他們帶來正面的轉變。我的家族和個人的故事，剛好就像是原住民這一百年來快速變化、信仰轉變、文化消失、重建和延續的縮影。

電影掀起熱潮的那段時間，大家對原住民的過去很感興趣，開始想要好好認識原住民。因為我飾演角色的關係，大家也對我這個人很感興趣。而現在，透過這麼長時間撰寫文字，記載我的生命經驗，很希望它可以對人產生啟發和激勵，幫助失望灰心的人，鼓勵他們像我一樣走出負面生活。這是非常重要的生命見證。

生命是艱辛的、困苦的，但我們還是要繼續堅持、懷抱理想，更努力去實踐。從人生、民族、電影到未來，我的故事很曲折，我曾經差點放棄自己，但因為一些機緣找到自己的生命目標，一路堅持到現在。所以，希望透過這本書分享我的故事，並為許多人帶來啟發。

因為有雨，所以彩虹

目錄

第四部　因為有雨，所以彩虹

因為有雨，所以彩虹

第一部

多桑，卡桑

第一章

赤陽西下

【慶台的話】

過去日本人來到台灣，對原住民的統治確實是有很不幸的方面，因為原住民的很多文化和生活習慣都遭到改變。不過，日本人來台灣還是有正面的意義，就是帶來先進的技術，像是原住民以前沒有鐵器，日本人就教我們鐵器在很多工作方面的用途。

日本人也帶來知識方面的進步。那個時期受到日本的長期殖民，我爸媽在內的很多泰雅族人都學習日文，固然是迎合當時的日本殖民政策，但是像我爸爸算是滿幸運的，他因為學習日語和讀書，各方面都學得不錯，當時他在泰雅族裡算是很好的日語老師，幫助同胞學習更多事情。我媽媽在那個時代也很想為自己同胞多做一點事情，所以她學了很多技能，當過護士，甚至受到徵召要去日本，只不過外婆不讓她去，因為怕她去了就回不來，可能會嫁去日本。總之在日本時代，就泰雅族而言，我父母還算是小有成就。

我沒有經歷過日本人統治的時代，都是聽長輩說，他們說當時日本人對我們很嚴厲，但還是帶來很多正面的事情，所以我們泰雅族對日本人還是很感謝的，因為帶來各方面的教導，在科技方面、知識方面，都讓我們進步。

約莫是四月底，春天將要過去的季節。午後的陽光暖橙橙的，曬得一地的水草都在陽光下閃閃發亮。宜蘭整座太平山以西，向下延伸至松羅部落斜躺的靠山地帶全都靜悄悄的，沒有半點人聲，只有幾戶部落人家門前的雞籠不分早晚熱鬧不停。

一個小男孩讓父親肩負在背上，走過宜蘭大同鄉英士村的水塘，進入村落左側的竹林裡。沿著這片竹林一路向南，跨過橫擋在村前的英士橋，再往下越過河床，就可以到達對面山腳下的碼崙村。男孩的頭倚著父親肩膀，顯得病懨懨的，嘴裡憋著一口氣，沒敢多喘兩下，生怕父親聽到之後又責罵起來。

半個多鐘頭前，大概是太陽剛升到天頂的時候，男孩的父親原本坐在家門口，手裡削著鄰居砍回來的木材，打算多做幾張板桌，好讓夜裡左鄰右舍聚在一起烤火時，能把家裡帶來的米酒及山肉放在桌上。大人聊天時，一旁的小孩子玩累了，也能先趴睡在桌上，等大人聊完了，再把他們拎回屋裡躺下。

只見父親先用柴刀把整根木材削出雛形，再從旁邊拿起一塊長條狀的石頭墊在地上，將削好的木頭雛形對著石頭上凸出來的方角前後磨刮，要把柴刀削不掉、容易扎手的木屑磨去。男孩坐在一旁看得起勁，趁父親正在磨刮時，他拿起地上的柴刀往地上的碎石搗砍。結果柴刀反彈上來，直接砍中他的左手食指。傷口像是有人旋開了開關似的，鮮紅的血水流了一地，染紅了前方一小塊草地。

男孩嚇壞了，完全忘了應該要痛得哭喊，只是怔怔望著柴刀，然後驚恐地望向父親。

那父親一句話也沒說，轉身進屋內，拿出壓在床底下的藤條，走過來一把就將男孩整個人倒抄起來，左手舉起藤條，用力打在男孩身上。

「巴度！我讓你玩刀嗎？我讓你玩刀嗎？」

打完一陣，父親見男孩沒有吭聲，便把他放下來，扯破身上的衣衫布，將男孩的斷指小心包紮起來，然後揹他下山，準備前往對面山腰唯一有醫療所的碼崙村。

◈　◈　◈

走在綠蔭遮天的山道上，男孩越過肩膀，偷眼看著父親臉頰，只見父親的眼眶紅紅的，應該不是哭，大概是被自己氣壞了，所以他靜靜的，沒敢發出半點聲響。

此時，四月的南風從山底往竹林吹來，眼前的世界霎時之間變得特別透亮，也特別澄淨。枝椏間白頭翁的吟唱來來回回、唧唧將將、忽遠忽近，小男孩瞪大了眼睛，大概是因為他從未這麼專心欣賞過吧。遠方還有一陣歌聲隱隱傳來，不是鳥鳴，似乎是父親他們以前常聽的日本童謠〈紅蜻蜓〉。

有人揹我看著晚霞中飛來飛去的紅蜻蜓，

那是在什麼時候呢？

在山林田野間採摘桑椹，

放進小竹簍裡，那是幻影嗎？

姊姊十五歲遠嫁他方，
從此與家鄉斷了聯繫。
晚霞中飛來飛去的紅蜻蜓
正停歇在竹竿的上頭呢。

歌詞述說一個長大成人的孩子，回憶以前帶自己長大的姊姊，十五歲出嫁後便再也沒回來。過去與姊姊相處的情景浮現腦海，姊姊曾帶著他欣賞紅蜻蜓。如今姊姊不在了，只剩下紅蜻蜓依然飛翔在晚霞之間，紀念著已逝的時光。

男孩沒學過日文，自然不會唱日文歌曲，但每次只要聽到長輩哼唱，小孩子們也會在一旁很有興趣地跟著哼。此時唱歌的人逐漸走近，仔細一看，是隔壁人家一個八十多歲的老爺爺。只見老爺爺與父親行個禮，便轉頭目視他們繼續往前走去。男孩心想：「父親是建立教會的宣教師，每個人都好尊敬他……」

過沒多久，父親也唱起那首〈紅蜻蜓〉。聲音低沉沉的，悠悠遠遠，好像說著故事，彷彿紅蜻蜓飄飛在眼前看不見的某個地方，惹人思念、流連。

男孩知道，父親心裡仍懷念著那個時候。他聽母親說過，父母親年輕的時候，天上曾經有好多個「紅太陽」，除了本來就掛在天上的，還有繡在白布上的紅太陽，不管走到哪裡都看得見。每到夕陽西下，所有人還會放下手邊工作，一齊轉向東北方，朝那個方向敬禮，好像那裡有個比太陽還偉大的神明。後來男孩聽鄰居的大哥哥說，那叫「日本天皇」。

會讓父親那一輩的人這樣懷念，並不是說紅太陽的時光是好的，只是在那個年代，日本人統治著他們的家鄉，人們還能有什麼想法？異族人進入自己的家園，一開始大家很詫異，內心怨憤不平，但漸漸地你的想法跟著改變，甚至等到進入下個時代，過去的那一切卻又像紅蜻蜓一樣惹人思念、流連……

「喔！林慶台！」前方有個醫生打扮的人喊著男孩。

父親肩上的小男孩就是年約五歲的慶台，泰雅族名為巴度．彼厚。這段因為割傷手而由父親揹在背上求醫的經過，也是他對於父親唯一清晰的記憶。

◇　◇　◇

一九二一年四月，當時的台灣正處於日本統治時期。

「哇」的一陣哭聲響徹台北州蘇澳郡一個名為「比亞毫」的部落（現稱碧候），慶台的父親誕生了，取名為「彼厚．瑋浪」。當時在部落裡任職的日本警察聽聞有孩子出生，也一起過來看，這位警察想到台灣多山，於是為慶台的父親取了日文名字「谷崎」。

根據慶台的三叔斗幹．瑋浪回憶，彼厚從小就很聰明，不單在家裡幫忙很多事、學會部落的許多傳統技能，腦袋裡也時常萌生有趣的想法。當時慶台的祖父瑋浪．彼厚在部落裡是一個「Gaga」（共食團）的領導者，地位僅次於頭目，因此無論彼厚多麼頑皮，也比較不怕遭到責罰。

然而，當時日本人已經取代頭目的統治地位，原本部落的層層階級，在日本人眼中都沒有分別。彼厚的母親拉哈就時常告誡他：「走在路上如果碰到頭戴紅色太陽、身穿黑色制服的人，一定要行禮，講話時要直視對方，向他問好，然後小心翼翼從旁邊繞過去。」

彼厚把這些話深深記在心裡，似懂非懂。他也聽母親說過：「那些人不見得都是壞人，但曾經傷害我們很多人，所以不小心的話，沒人知道會怎樣。」他不知道母親說的「傷害」到底是什麼，但每次與同伴們玩耍，從村裡眺望山坡上方的日本警察駐在所，他的心裡還是有說不出的好奇；他曾與同伴好幾次踏上通往駐在所的階梯，每次走到只剩十來階時就看到日本警察的身影，或是年長的村民因犯錯被罰跪在駐在所前，於是大家嚇得一哄而散。

到了大約七、八歲的學齡時期，彼厚也和村裡其他同齡的孩子一樣，進入日警設立在村裡的「蕃童教育所」，接受不定學年制的教育。彼厚的成績很好，時常獲得老師的誇獎。

在書本裡，彼厚發現了另外一個世界。當時日本人剛歷經明治維新，對科學知識的認知已經不亞於歐美各國，因此課堂上除了基本的日本語教學，也教授地理以及當時相當先進的一些知識。彼厚聽得津津有味。村子裡大家在晚上烤火時，彼厚的手上常常抱著手抄回來的課本讀個沒完，有時候父親瑋浪會把他抓去修理。

正因如此，成績優異的彼厚從蕃童教育所畢業後獲得升學資格，前往宜蘭就讀「宜蘭公學校」，接受六個學年制的正式教育。

在那個時期，能讀到公學校是件不得了的事，村裡大多數年輕人都只念到蕃童所，就沒再接受多少教育了。慶台的父親憑著優異的成績進入宜蘭公學校，在當時簡直是驚天動地，村子裡的人紛紛向瑋浪表示恭喜。慶台的弟弟約道說，聽說祖父瑋浪非常生氣，氣呼呼地咒罵說：「只要是日本人搞出來的東西都是鳥蛋！」但也許心裡還是很欣慰。彼厚知道父親很生氣，不過他太渴望學習更多知識，因此還是決定就讀。

在宜蘭念書需要住校，所以出發那天，彼厚一大早就起床，幫忙母親準備當天田裡需要使用的工具，也確認外頭的火堆沒有熄滅（在泰雅族的 Gaga 祖訓裡，火堆是不能熄的，象徵祖靈的香火生生不息），便在懷裡塞了兩顆番薯，前往駐在所，由日警騎腳踏車載他到平地，再轉乘汽車前往宜蘭讀書。

車輪行在田間小路上，太陽剛從東方升起，灑落於大地，周圍滿是破曉時分的鳥鳴聲。彼厚隔著窗子，望見剛升起的太陽，想到日本人在學校裡總教他們：「只要是太陽照耀的地方就是我們的家。」在彼厚誕生的年代，這句話聽起來理所當然，但他也清楚知道，這句話所謂的「家」其實還有另一個意義，是指日本人占領的地方。

彼厚心裡不禁想著：「母親說過的『傷害』，到底是什麼呢？」

其實他很清楚，父親一輩子所遵循的傳統文化，在日本人的種種限制下確實逐漸流失，然而他也深深相信，從課本裡學到的知識才是真正可能有希望的未來發展方向。

雖然對未來充滿憧憬，但他耳裡彷彿還能聽見古老祖先在山裡奔跑的聲音。

◇ ◇ ◇

一八九五年十月，清朝欽差大臣李鴻章在日本下關簽署了馬關條約，在甲午戰爭戰敗後，將台澎金馬割讓給日本；日本人隨即進入台灣，展開長達五十年的統治時光。

日本人原以為掃蕩完以漢人為主的平地反抗勢力，便能勢如破竹統馭全台，但接連遭到平地和山區原住民的阻撓，原先的計畫大受影響，因此決定暫緩，採取放任態度。一九〇六年上任的第五任總督佐久間左馬太改採嚴厲的討伐政策，分成數個階段執行「五年理蕃計畫」，鎮壓全台山區的原住民。以「北蕃」泰雅族為例，佐久間左馬太的理蕃計畫立刻遭到他們強烈抵抗。

在泰雅族的傳說裡，他們來自一片世外山林，從老人家口中聽聞那是一個如何美麗的地方，傳說那裡雲霧縹緲，山麗水長，終年玄奇不斷。相傳泰雅族的起源地之一是大霸尖山，另一則是今日南投縣仁愛鄉發祥村附近的神話聖地「賓士博甘」，相傳在孕育出泰雅族祖先的巨岩旁，眼前所有的一切都是綠的，即使是黃土與紅花，也是由綠而生。

後來由於人口逐漸繁衍，許多祖先開始向外遷移，一部分前往今日新竹縣尖石鄉一帶，一部分前往桃園縣復興鄉，另一部分移往宜蘭，還有一部分一路往北，到達今日的烏來後山地帶。泰雅族是狩獵民族，祖先留下來的「獵場」是非常神聖的，代表祖先相傳之地，也攸關生活資源，即使同族間踏進彼此獵場，部落間也會引發戰爭。泰雅族生性剽悍，又有捍衛祖先之地的傳統，過去清代的理番工作就已經吃盡苦頭，更不可能讓日本人輕易拿下。事實上，全台灣的原住民族都是如此。

佐久間的理蕃事業耗資驚人，死傷無數，直到武力討伐太魯閣族和「南蕃」布農族與排灣族等就暫告一段落。接下來的理蕃政策從武力鎮壓改為較趨柔性的教育同化政策，一間間駐在所開始在各部落蓋起來，長遠的目標更是將居住在山地的原住民全都遷往山下，以便集中管理。表面上要讓原住民學習知識、接受比較好的教育，或是鼓吹山下的環境比較適合居住，事實上是要方便日本人開挖高山上豐沛的林業、礦產等天然資源，將資源全部載回日本；甚至將台灣變成日本人經營「大東亞共榮圈」的前線基地，以台灣為跳板前進東南亞。

要這群信仰祖靈和神話聖山的山地子民，從居住了數百、數千年的家園遷到草稀木疏的淺山地帶或平地，等於是斷絕他們的信仰和傳統，當然絕難同意。日本人並不了解這點，在他們眼中只有「只見蕃地，不見蕃人」的想法，想盡辦法執行遷村計畫。

◈ ◈ ◈

日本人與彼厚的家鄉比亞毫部落接觸的過程，就是最好的例子。起初日本人略施小惠，贈送部落族人許多禮物，還招待他們飲酒，表示友善之意；部落族人看這群異族人很友善，就真心與他們來往。經過一段時間相處後，日本人發現原住民其實很單純，沒什麼心機，而且只要一飲酒，就會像孩子般手舞足蹈、快樂起舞，根本不足為懼。他們看準了這點，找了個時機向當時比亞毫部落的大頭目瑋浪．泰加提出遷村建議，好處是讓他們有喝不完的酒、拿不完的禮物。

沒想到本來還與日本人勾肩搭背的大頭目瑋浪一聽到要遷離祖靈之地，立即大聲拒絕，表示即使有再多禮物，也不可能搬離家園。這下子日本人火大了，於是擬定一個計謀，邀請大頭目一家人及部落男丁下山到平地的南澳村看電影，為了禮尚往來，日本人要求不得攜帶刀械，而他們自己也承諾絕口不提遷村的事。瑋浪雖有疑慮，但對電影也感到好奇，於是與眾人一起下山，到當時南澳大街上的戲院看片。影片還沒播畢，日本人就全部偷偷撤出，從外面將大門一關，纏上層層鎖鍊，將大頭目一群人全鎖在戲院裡，要脅他們答應遷村，不然就放火燒了戲院。日本人的盤算是這樣的，即使瑋浪不願意妥協，部落男丁戰士也同遭軟禁，比亞毫部落只剩老弱婦孺，要攻陷可說是輕而易舉。

但其實瑋浪早有防備，先用緩兵之計表示願意考慮，然後拿出預藏在一名隨身女子衣衫裡的獵刀，趁夜在戲院的木造牆板挖了個洞，偷偷跑回山上，向其他部落搬救兵。

傳說那夜，瑋浪宛如有祖靈加持，從平地的南澳大街至山上的比亞毫部落沿線，十多個日警駐在所的日警都掉了人頭……直到隔天日本警察打開戲院大門，想看看瑋浪是否會因受不了而投降，才發現瑋浪早已逃脫了。

日本當局對這件事非常震怒，命日警拉起連接電力的隘勇線，並在外圍設置火砲軍隊，將南澳地區的各個部落由遠到近包圍起來。聽老人家說，光是頭髮飄落在那隘勇線上，只見一陣閃光伴隨著燒焦味，頭髮便灰飛煙滅。起初瑋浪與族人們還想盡辦法逃脫，但所有聯外道路都遭到阻絕，族人熬不住長期缺糧，瑋浪的態度才逐漸軟化，同意部落搬遷下山。

於是，慶台的父親彼厚隨著家人和部落族人從比亞毫部落遷居到山下，遠離祖先居住的家園。剛開始他還心想，也許這是好事，不但族人能接受比較好的教育，物資取得也比較方便。但是搬下來的第二年，一次強烈的颱風席捲各地，新建的部落房舍一夜之間遭到弭平。隔天，家人從躲藏的橋墩底下爬出來時，彼厚心中更堅定了要好好保護家園的想法。

除此之外，族人們一直無法適應平地的生活，大小紛爭不斷，日本人曾讓族人再遷回山上，重新尋覓合適地點。就這樣輾轉多次，才於一九三〇年代遷到今日的碧候村（位於南澳鎮西方約三公里處）。時至今日，依然有許多耆老趁著身體還硬朗時，徒步走上六、七天的路程，回到當年的家鄉比亞毫舊址。因為傳說當年有許多不能遷移至山下的居民在山上上吊過世，所以只要來到山上，彷彿就能聽見祖先的聲音，這讓後來曾上老部落尋根的慶台心裡有說不出的感懷。

彼厚從宜蘭公學校畢業後，奉派前往南澳擔任警察，並在鄰近的南澳教育所（今天的南澳國小）兼任教師，擔任附近族人與平地漢人的日文老師。第一次穿上日本警察服裝，彼厚心裡十分激動，他有個心願，希望能好好教導族人學習日文和各種當代知識，讓族人也能隨著時代向前邁進。因此他對原住民子弟特別嚴格，後來許多部落的耆老都曾是他的學生。

彼厚這一教就過了兩年。他萬萬想不到，幾千公里外的一聲號令不但改變了他的夢想，也改變了他的命運。

◈ ◈ ◈

一九四一年，日本本州的橫須賀港外，海鷗飛翔在一艘巨大的航空母艦旁，艦身寫著「赤城號」。一位日軍將領開完會，走進艦上的作戰室，只見他右指微顫，隨後往兵棋桌上的地圖角落伸手一按。兩側的將領頓時全部同聲高喊：「吾天皇萬歲！大日本帝國萬歲！」喊聲不斷重複，整艘赤城號也隨之震動起來。

這位將領名叫山本五十六，是日本海軍聯合艦隊司令，年輕時畢業於日本海軍大學校，曾赴美留學，在哈佛大學學習期間，見識到當時西方蓬勃的新思想，大為撼動。回國後軍職一路高升，但他反對主動侵略其他國家，反對當時日本入侵中國東北的行動，加上身為親美派，被日本軍國主義分子列為主要暗殺對象。因此當時的內閣讓他出任海軍聯合艦隊司令，在艦艇上辦公，以免遭到刺殺。

但軍國主義代表人物東條英機就任第四十任總理後，山本並未一如外界預期遭到架空，反而被派去主導更多海軍聯合軍事活動，並擬定日軍在二戰時期至關重要的許多作戰計畫。東條此舉頗有迫使山本效命之意，其實在山本的想法裡，他明白日本並沒有長期作戰的本錢，至少不可能與美國國內的強大生產力與國力相匹敵，日本的武力擴張只是一枚可怕的定時炸彈；於是他想出「以戰止戰」的策略，以迅雷不及掩耳的速度發動快攻，讓敵國受到重創後提出停戰協議，以免夜長夢多，拖久了對日本絕對不利。

於是，山本五十六這一按，無論他是否願意，都將整個太平洋捲入了第二次世界大戰。只見明日照耀下，山雨欲來。

遠在東方六千公里之外，美國夏威夷群島中的歐胡島，一九四一年十二月七日天剛泛亮，因為恰逢星期日，許多人還沉浸於夢鄉。幾名早起的婦女正在後院晾著衣裳，想趁大太陽將衣服曬乾。突然間天空轟聲大作，數以百計繪有「紅色太陽」圖案的日軍戰機出現在海平面上，彷彿一隻隻紅蜻蜓。婦女們見狀急忙回頭就跑，戰機飛過頭頂上時，晾著的衣服瞬間被數以百計的太陽戰機颳飛。

三百五十多架日軍戰機分兩次襲擊了美國太平洋艦隊的大本營，即歐胡島上的珍珠港。短短數小時的時間，原本美麗的海港變成一片火海，火海上一架架「紅太陽」衝出來，將日本原本只攻擊亞洲地區的戰線，一口氣拉到美軍的最前線。山本五十六原本想藉由這次「珍珠港事件」一舉擊潰美軍的武力和士氣，使當時介入二戰不久的美軍盡快投降，沒想到此舉反而激起全美國的愛國意識。隔天，一九四一年十二月八日，美國正式對日本宣戰。

同一時間，正在太平洋西邊與五十萬日軍膠著纏鬥的中華民國也正式對日本宣戰。全世界正式進入第二次世界大戰的關鍵時期，而身處於日本大東亞共榮圈前線的台灣，很快也被捲進戰場。

在台灣，日本軍警執行理蕃政策期間，早就見識過山地原住民擅長叢林戰的卓越能力，包括賽夏族的南庄事件、太魯閣族的太魯閣事件、賽德克族的霧社事件等重大抵抗行動中，原住民都曾在深山密林間擊敗日軍。日軍前進南太平洋的戰鬥中，常在島嶼雨林環境進行攻防，因此在日本軍參謀長和知鷹二的建議下，台灣總督府決定招募山地原住民入軍，打算利用他們組成一支特殊部隊。由於古時日本稱呼台灣為「高砂國」，因此這支部隊起初命名為「高砂族挺身報國隊」，首批約五百人，於一九四二年五月在菲律賓呂宋島的巴丹半島成功擊敗美軍，消息傳回日本國內聲名大噪，後來改名成今天為人所知的「高砂義勇軍」。這支軍隊前後共派出七次，並不是每一場都獲得勝利，很多人卻從此再也沒有回來。

當時在南澳教書的彼厚眼看軍車開進村子裡，把同鄉男子一批批載走，接受徵召上戰場「報效國家」。小朋友也幾乎不上課了，有些人躲在村子附近的日軍碉堡裡，躲避美軍飛機的射擊；有些人則在背後綁著日本國旗，整天在街上高喊著：「打倒美帝同盟！皇民齊身起義！」彼厚心想，戰爭怎麼會如此可怕？這樣犧牲生命是值得的嗎？

當時是一九四二年，正值皇民化運動的最高峰，每天都傳來捷報，說義勇軍又在哪裡擊敗美軍，要大家再接再勵，只差一步就可以邁向勝利。後來，連彼厚的哥哥哈勇．瑋浪也接受徵召上戰場。彼厚很著急，追上即將登上軍車的哈勇，但哈勇滿腔熱血，認為從軍是一件光榮的事，叫彼厚不要擔心。

彼厚結結巴巴說不出話來，只能眼睜睜看著哈勇轉身上車，離開家鄉。

彼厚家裡一共有十個兄弟姊妹，由於他身負教職，所以沒有徵召他上戰場。現在大哥已經出征，接下來就會徵召他的弟弟們。彼厚不忍心讓弟弟們出征，當天晚上回到家就告訴父親他要上戰場。

父親氣炸了，覺得他和大哥都瘋了，氣到蹲坐下來，再也不理他。

彼厚立刻前往駐在所，申請加入高砂義勇軍。負責的日警很驚訝，告訴他身為地方警察，又擔負重要教職工作，不需要參與戰事，但是彼厚非常堅持。日警向上提報，果然被退了下來，理由和日警說的一樣。

彼厚當天晚上回家，看著窗外明月，揮刀砍在自己指頭上，擠出血，洋洋灑灑寫了一篇血書，表明挺身報國之志。收件人員看到非常驚訝，過幾天就同意他的申請。

一天，軍車開到村外，彼厚頭也不回就上車。車行捲起煙塵，他離開了家鄉。

◈ ◈ ◈

其實彼厚離家從軍前，才剛在家長們的決定下與同村女孩雅朋．彼厚結為夫妻。雅朋當時也是日本女青年軍的一員，彼厚決心出戰時，她沒有哭泣，嘴上說以他為榮，勇敢目送他離開。

後來慶台和弟弟約道聽母親說過，父親從南洋回來後，經常會在夜裡對著火光回想過去的時光，好像跌進了時間的一角。母親曾經轉述父親的喃喃自語，在母親的回憶裡，父親的思緒似乎飄去很遠的地方……

「打從我離開家鄉，好像就被這個世界遺忘了。剛離開家鄉時想要報效國家的熱情意志，也隨著鹹澀海風的吹拂而消磨殆盡。

「起初日本人說，我們會在離開故鄉後的第二個月，在新幾內亞附近的海域與其他艦隊會合，一齊登島攻打美軍。如果超過航期還沒有作戰目標，就有可能返航。我心想也好，身為教師，看到船上那麼多來自各地的同胞，有的人還非常年輕，其實很不捨。

「但是從我毛髮累積的海水鹽粒數量計算起來，已經差不多過了兩個月。在蒼茫的大海上漂蕩，沒有看見島嶼，沒有其他船艦，當然更沒有遇到其他較早出發的同胞，每天只有擦不完的生鏽砲膛，以及唱不完的日本國歌〈君之代〉。

「有一天晚上，我們之中一位來自阜南的同胞在深夜偷聽到幾個日本士兵談話，才知道早我們幾批出發的艦艇，在前往新幾內亞的海上遭遇美軍潛艇伏擊，沉進了冰冷的海底。

「我得知這個殘酷的消息並沒有哭泣，只可惜不能孝順家中步入年邁的父母親，也不能陪伴那一群即將走向美好未來的可愛學生，以及一個成親才沒多久、或許還在家中等待著我的女人……我頓時覺得，這一切真的值得嗎？

「不知又吹了幾回的海風，有一天，船上的日軍隊長叫大家全部著好裝備，分隊坐進幾艘鐵籠子般的運輸艇，離艦加速航行。我心想，這不知道是要返鄉？還是到達作戰區域？

「海浪愈破愈急，有人禁不住好奇，從艙頂望向海面，想知道到底要去哪裡。這一望，那人呆住不動，鼻頭霎時就酸了，高聲叫喊：『我們好像要回家了！』

「所有人頓時抬起頭來，只見遠方地平線上有一座青綠色的島嶼，像是張開手臂等待要環抱住我們。

「我隱隱覺得那應該不是故鄉，但此時有人在艇內高聲呼喊，有人開始放聲哭泣，也有人像我一樣很安靜，彷彿思緒飄向很遠的地方。

「接著不知從誰開始，狹小的船艙裡開始傳唱起歌聲，不同族的人都唱著自己的鄉歌。海面上波滔浩大，但船艙裡吟唱家鄉的歌聲竟是那麼響亮。

「接著，天上的烏雲逐漸散去，陽光灑落下來照射在海面上，也透過半闔的艇艙映照在每個人身上。這讓我想起小時候曾聽老人家說，我們祖先要回到祖靈之鄉時，每個人都會讓光線照耀得閃閃發光，踏過祖靈橋，回到故鄉。那麼，我們是不是真的要回家了？」

慶台的母親說，彼厚每次回憶到這裡，就會激動得難以自己，不停掩面哭泣，彷彿一切的信念都在那一瞬間遭到摧毀殆盡。

結果，那群渾身發光的義勇軍登島之後經歷了美軍的猛烈攻擊；彼厚搶灘的時候，幸運遇上一片海邊的棕櫚林，躲過美軍轟炸機的猛烈轟炸。他從痛苦中漸漸甦醒，發現同胞幾乎全死在那片沙灘上，等到耳中巨大的轟鳴聲漸漸褪去，海風徐徐吹來，他彷彿聽見同胞們在船上吟唱的家鄉歌曲，飄揚在整片新幾內亞的海洋上。

他說，他好像到了夢裡才有的地方……

◇ ◇ ◇

村裡的人都說彼厚死了，有小道消息傳來，說高砂軍的船艦在南太平洋遭到擊沉，大家就相信了。只有一個人不相信，就是彼厚的妻子雅朋。她大罵這些謠言都是無稽之談。她與彼厚成親還沒三個月，彼厚就出征了，除了敬天互許的承諾外，兩人最激動的情緒或許只有出征那天才流露出來，但也是忍在眼裡說不出口的千言萬語。她不相信彼厚死了，即使過了三年，她還是深信著：彼厚一定會回來。

雅朋生於一九二四年，父親彼厚．撒韻是比亞毫部落非常有名的獵人，傳言他打獵時異常安靜，即使獵物中槍時，旁邊的人都聽不到他的聲息。她的母親以拜．北烙則與父親的性情大不相同，是個非常開朗、喜歡開玩笑的人，慶台小時候許多有趣的回憶，都與這位外婆時常說出彷彿神來之筆的玩笑話有關。

雅朋一家人丁興旺，她是家中唯一的女兒，上頭有一個哥哥，往下則有五個弟弟，理論上不需背負家庭的責任，可以享有一人之下、五人之上的寵愛與寶貝，偏偏她的個性像男生一樣，相當好強、剛硬，比頑皮完全不輸給同齡男孩。少女時期的雅朋經常到處惹麻煩，氣得父親直跳腳，偏又因寵愛打不下手，反而更助長了她天不怕地不怕的氣燄。

有一次，雅朋與幾個玩伴負責幫日本警察看管的田地少了幾顆番薯，隔天日警回來發現番薯遭竊，不分青紅皂白就把雅朋一群人抓去駐在所罰站，問不出答案後竟然一個個抓起來過肩摔。雅朋個性剛烈，自覺沒有偷竊，絕對不肯順著日警的話承認自己是小偷，日警火大了，抓起這小女生就摔出去。

路過的部落族人看見，趕忙跑回去對雅朋的父親說這件事，只見父親飛也似的奔出去，大家以為他會向日警道歉，沒想到他反而抽出獵刀，追著那日警滿山跑。這故事在部落流傳至今，也樹立了雅朋自小巾幗不讓鬚眉的鐵女形象。

由於有這樣的性格，雅朋不願像部落裡其他的戰爭寡婦一般，另與較年輕的男子結婚，即使多次有人登門提親，她不是不理，就是把對方一家老小全趕出去。父親也拿這鐵性女兒沒辦法，只能由著她一天天消瘦下去，雖然擔心，卻也想不出其他方法。

三年過去了。一九四五年的一天，剛過午後，天氣熱得暑氣難消。南澳的日警駐在所收到一封來自日本東京的電報，上面說有一群高砂義勇軍的倖存者回到日本東京，不久就會坐船回台灣，而且赫然出現彼厚的日文名字！當時一位剛好在駐在所辦事的婦人，手腳比日警更快，飛奔到山坡上的旱田間，一路大聲叫喊：「雅朋，彼厚還活著！他在日本！」

雅朋正和幾位婦女在田裡採收作物，突然身邊的婦女紛紛叫她，她從悶熱的昏沉中回過神來，這才聽到對面山頭有人不斷大聲叫喊，一路衝到她們這邊的番薯田。婦女們聽到消息紛紛圍過來恭喜她，為雅朋這三年來堅毅的等待感到高興，但雅朋沒說什麼，也沒流淚，只是緩緩站起身，望著遠邊即將西沉的夕陽，淡淡笑著。

在她心裡，這份驚喜並不讓她感到訝異，也許因為她始終這麼相信，相信彼厚一定會守著敬天互許的承諾，懷著想念自己的心回來家鄉。

兩個月後，彼厚乘坐的艦艇從基隆入港，跟著一群高砂軍倖存者一起下船，再乘著與三年前離鄉時相仿的軍車，一路沿著海岸線駛回家鄉。一路上，風是甜的，等到車子駛進部落的那一刻，他走下車，見到遠處有一隻隻紅蜻蜓飛進夕陽光影裡，彷彿向他道別。

「谷崎先生，再見了！」

軍車放他下車後，朝遠處山谷間的太陽方向駛去。

一九四五年八月十五日，日本宣布無條件投降。

◇◇ 慶台年幼時期的宜蘭南澳碧候部落。

◇◇ 慶台父親彼厚・瑋浪

第二章

窗隙間的呼告聲

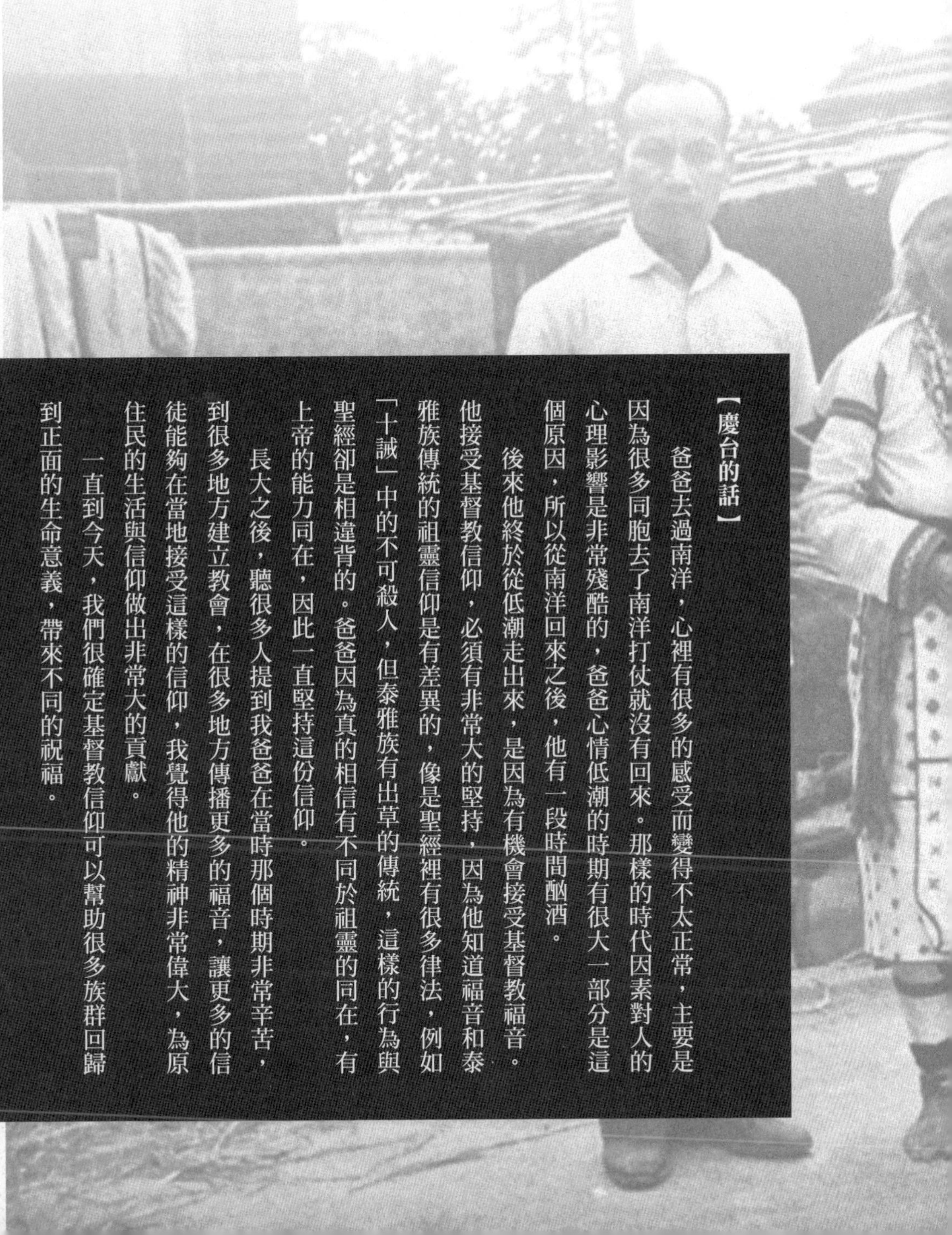

【慶台的話】

爸爸去過南洋，心裡有很多的感受而變得不太正常，主要是因為很多同胞去了南洋打仗就沒有回來。那樣的時代因素對人的心理影響是非常殘酷的，爸爸心情低潮的時期有很大一部分是這個原因，所以從南洋回來之後，他有一段時間酗酒。

後來他終於從低潮走出來，是因為有機會接受基督教福音。他接受基督教信仰，必須有非常大的堅持，因為他知道福音和泰雅族傳統的祖靈信仰是有差異的，像是聖經裡有很多律法，例如「十誡」中的不可殺人，但泰雅族有出草的傳統，這樣的行為與聖經卻是相違背的。爸爸因為真的相信有不同於祖靈的同在，有上帝的能力同在，因此一直堅持這份信仰。

長大之後，聽很多人提到我爸爸在當時那個時期非常辛苦，到很多地方建立教會，在很多地方傳播更多的福音，讓更多的信徒能夠在當地接受這樣的信仰，我覺得他的精神非常偉大，為原住民的生活與信仰做出非常大的貢獻。

一直到今天，我們很確定基督教信仰可以幫助很多族群回歸到正面的生命意義，帶來不同的祝福。

一九四五年十月在台灣的蘇澳港，一艘大船緩緩起航，發出巨大的汽笛聲。許多原本在港口工作的工人都放下手邊的工作，聚集到碼頭上，想一睹這歷史性的一刻。一名少女奮力擠出人群，不斷搜尋著船上欄杆旁的人群，似乎在找尋什麼人。

和她一起前來的友伴也好不容易從人群中擠到碼頭邊，只見船上站滿了人，有的倚靠欄杆，有的並肩站著，而所有人都高舉雙手，奮力朝碼頭揮舞著，嘴裡高喊：「莎喲娜啦！莎喲娜啦！」碼頭上的人們也同樣揮著手，有人同時低頭拭淚，有人堅定目光，深怕少看了一眼，船很快就會消失在海平面上。

少女尋找許久，終於看到了。船上人群中有一對日本夫婦，懷裡抱著一個小男孩。少女大聲呼喊日本夫婦的名字，他們之間隔著海風與輕浪，以及此起彼落滿懷情緒的道別聲，一切的一切好像織起一張無形的網，形成不可能穿透的屏障。

日本夫婦也看到少女了，顯得有點驚訝。淚水在少女眼眶裡不停打轉，但她強自忍住，雙手低垂向內一弓，做出仿如搖籃的動作，輕輕搖晃。日本婦人看到這一幕，忍不住淚如雨下，一旁男孩的父親則顫抖著手遮住視線，不忍再看。少女不斷揮舞雙手，目送船隻愈行愈遠，直到逐漸消失在海平面上，她才放聲大喊：「莎喲娜啦！」

少女是慶台父親彼厚的大妹，那年剛滿十三歲。透過哥哥介紹，她在一對日本夫婦家裡幫忙，參與了他們兒子的誕生，也悉心照顧這個剛出生的孩子。日本丈夫是學校老師，夫妻倆非常照顧彼厚的妹妹，簡直把她當做親生女兒一樣，令她銘感於心。

一九四五年八月日本戰敗，居住在台灣的日本人奉令跟著軍隊一齊撤出台灣，返回日本。彼厚的妹妹感覺這一別或許此生難再相見，於是找了幾個友伴，前一晚連夜趕到蘇澳，為的就是要再見那對夫妻一面，向他們說聲謝謝。

出發時她打定主意，說再見時絕不流淚，不希望還在成長中的孩子感受到悲傷的情緒。因此，一直等到船身消逝在海平面的那一刻，彼厚的妹妹強忍的情緒才終於潰堤。感傷的嗚咽聲隨著時代的風，一齊消失在遠方的夕陽餘暉裡，吹進下一個未知的時代。

◇ ◇ ◇

這一年的十月二十五日，中國第十五受降區由台灣省警備總司令部總司令陳儀代表，在台北公會堂（今日的中山堂）接受日本在台最後一任總督安藤利吉交付的投降書，正式宣布「台灣光復」。

會堂外築起高高的牌樓，張燈結綵，慶祝新時代的到臨。馬路上也有各所學校的師生發起的盛大遊行，每個人手裡拿著青天白日旗，邁開大步高喊著：「迎接祖國來臨！」路旁圍觀群眾同樣歡欣鼓舞，互道恭喜。這與蘇澳港外的離情完全是兩樣情。

這巨大的改變之風，很快地也吹進部落裡。

慶台的小叔叔斗細．瑋浪回憶說：「當時部落很快地也感受到光復的氣氛。我很清楚記得，大哥走進家門的那一刻，身上穿的是日本軍服，手裡卻拿著一面火紅色的大旗，上面有一片青天、一個太陽，不過與日本人的太陽不太一樣。

「大哥對我們說：『日本人已經輸了！現在，是國民政府要來照顧我們！』當時沒人知道『國民政府』是什麼，只對那面大紅旗很感興趣。上面的太陽是白色的，周圍還會發光，很像散發著希望，我們心想，會發光的應該比較厲害。同村裡大夥兒可好奇了，常常沒事就晃進我們家，說要看那面大紅旗。」

說到這裡，斗細停頓了一下，接著才繼續說：「過沒幾天，村外田埂上出現許多士兵，他們手裡果然拿著那面大紅旗，我們心想：『是國民政府來了。』他們每個人都髒兮兮的，像是幾百天沒洗過澡，我們看了想說：『喔，果然打過仗的就是不一樣，比較辛苦啊。』「後來他們在村外蓋起軍營和碉堡，把我們種植的農作物全割回去當糧食，而且村裡的婦女經過那邊竟然有些人不見了！那些人比日本人還壞，做了很多壞事！嚇得我們小孩子都不敢靠近那些地方。」

當時代表中國戰區最高統帥蔣中正接收台灣的陳儀部隊，官兵經歷抗戰，離鄉多年，甚至家庭慘遭戰爭摧殘，心情受到不可言喻的打擊。許多官兵都是隻身來到台灣，像極了清代的「羅漢腳」，許多法令在這個人生地不熟的地方都還未遂行，他們一方面負責掃蕩尚未離台的日本逃兵，一方面占地為王、開闢新疆界。那是戰後初期的黑暗時期。

但另一方面，部落裡也有許多值得慶賀的事。大戰之後，慶台的父親彼厚歷經波折，終於從東京搭船返抵基隆，乘坐軍車返鄉，是碧候村最後返鄉的高砂義勇軍生還者。加上彼厚的大哥哈勇也終於返鄉，一家人歷經三年戰爭風霜，總算聚齊一堂，大家高興極了。彼厚的父親瑋浪從山裡獵了一隻一百多斤重的山豬回來，擺了一桌宴席，要幫兩個兒子洗塵。

席間，彼厚的大哥侃侃談起在所羅門群島的作戰經驗，描述自己與同伴如何困守當地、處在飢餓邊緣，後來受到當地土著的照料與幫助，才得以在島上與美軍周旋多年，聽得家中眾小弟妹一愣一愣的，對於大哥這番曲折又離奇的經歷感到十分訝異。然而，唯獨彼厚坐在一旁，不發一語，只是端著酒杯，不斷啜飲著瑋浪剛釀好的小米酒，顯得心事重重。家人們轉向他，好奇問起戰爭的情況，他也只是擺擺手，含笑帶過，表示與大哥的處境差不多。

家人以為他剛返鄉，精神上還很睏倦，凡事意興闌珊，也就沒再多問。但一旁的雅朋感到十分疑惑，因為她感覺丈夫回鄉後變得有點不一樣了。

根據美國在二次大戰後所做的統計，美國在二戰中陣亡的士兵將近三十萬人，受到身體與精神創傷的人數更高達三倍，這種由戰爭造成的嚴重情緒問題，應屬「創傷後壓力症候群」（post-traumatic stress disorder, PTSD）。許多人在戰場上目睹太多超出常人所能想像的慘絕人寰景象，或遭敵營俘虜，受盡不人道的殘虐對待，以至於出現精神不穩定的狀況，往往在幾年間性情大變，行為也變得詭譎難測，有的人甚至開始產生幻覺、幻聽，或者無法控制的暴力傾向，除了將心理痛苦施加在自己身上，甚至傷及身邊重要的親人。部分較幸運的人經過幾年的療養和照顧後，逐漸走出陰霾，重獲新生；但也有一部分人終生未能痊癒，一輩子徘徊在現實與過去記憶中，彷彿戰爭從來未曾完結。

慶台的父親本來也很可能是其中之一。

◈ ◈ ◈

一九四七年，雅朋懷孕了，懷的是慶台的大哥慶陽（成年後改名為志陽，族名為瑋浪・彼厚）。巧合的是，彼厚的大哥、二弟、三弟的妻子也在同時期相繼懷孕。面對一連串的喜事，瑋浪決定把後山的旱田分給四個兒子開墾，讓兒子們成家立業。全家人再度沉浸在喜悅的氛圍中。

雅朋雖然懷了孕，卻經常愁眉不展，因為彼厚返鄉後的異常情形愈來愈嚴重。兩人過去三年來未能相見，連一封簡單的書信都沒有，雅朋只能憑著耐心等待與對彼此的眷念支撐意志。現在兩人重逢了，起先原本一切還算正常，空閒的時間快速填滿，感情更是如膠似漆、形影不離。但每每到了相擁而眠的夜裡，雅朋經常在半夜被突如其來的慘叫聲驚醒，只見彼厚的雙眼依然緊閉，卻張開了雙手，拚命凌空揮抓，彷彿陷在一個看不見的世界裡；有時他還會突然大叫一聲、坐起身來，攬著雅朋要她快速趴下，說前方有美軍朝這裡攻擊，讓雅朋不知所措。

有時候，雅朋醒來發現彼厚不見人影，急忙跳下床到外頭尋找，看見彼厚一個人跪趴在村後斜坡的一棵樹下，雙手緊按著頭，身體不停顫抖，嘴裡一直喃喃自語，似乎唸著：「不要再來找我了……」雅朋走向前，輕輕拍他肩膀，他又會如大夢初醒般回過神過來，挽著雅朋走回屋內，好像什麼事都沒有發生過。

除了晚上的惡夢，白天早晨在旱地上，有時會看見彼厚悶著頭工作一會兒，突然停止動作，站起身來，呆呆看著遠處，彷彿思緒飄到很遠的地方。四周一有風吹草動，他整個人也會緊張地戒備起來，好像隨時提防有人要突襲，嚇壞了一旁的鄰居。

這種情形，彼厚在家人面前不常顯現，所以在弟妹們眼中，彼厚依然是正直開朗的好哥哥。但只要到了晚上，剩下他與雅朋兩人相處，或者他一個人獨處時，那種強大的恐懼感就會像一張黑網從四面八方竄起，將他逐漸包圍。眼前的竹屋霎時變成鐵鑄的艇艙，死在戰場上的同僚再次出現在他身旁，全身是火的同伴們不斷靠近，似乎也打算把他拉進火海裡……

他大吼一聲，衝撞船艙，只聽見「砰！」的一聲巨響。他驚醒過來，眼前所見的卻是自己搭建的竹屋，以及呆坐在門口的雅朋擔憂的臉龐，地上散落著他剛才撞翻的家具與竹床。

◇ ◇ ◇

為了擺脫那些虛幻的景象，彼厚開始酗酒。當時雅朋靠著種植花生賺得的一些錢，在碧候村開了第一間雜貨店，除了販賣柴米油鹽等日常必需品，也引進一種漢人常喝的酒，叫做「太白酒」。部落裡平常到了節慶時分才會釀製小米酒，太白酒則是以樹薯這類廉價的澱粉來源釀造；雅朋把裝酒的大木桶推到南澳大街上的漢人店鋪裡裝滿酒，再運回店內，以勺量的方式計量販售。雅朋每次才剛把一大桶太白酒推進店裡，過沒兩天就會在清晨發現彼厚醉倒在酒桶邊，嘴裡喃喃自語，整桶酒被他喝到見底。無論雅朋怎麼勸說，他都無動於衷，而且每一次從夢魘驚醒後，都會更變本加厲地「犒賞」自己。這種情況持續了一年多，絲毫不見好轉，連雅朋都不禁懷疑，自己的丈夫是不是遭到「魯度夫」纏身。

泰雅語的「魯度夫」就是「鬼靈」的意思。泰雅族的神話「巨人要求沐浴」故事裡，由聖地「賓士博甘」巨岩所誕生的泰雅族祖先，除了最早的一對男女，卡拿拉與猶瑪，還有一個巨人黑影隨後從岩石裡步出，相傳就是所謂的「魯度夫」。魯度夫要求卡拿拉與猶瑪為他洗澡，他們堅持不肯，於是魯度夫重新隱身到巨岩裡，臨走前留下一句「你們從此就得領受生老病死的苦難了」，隨即消失。從此，魯度夫不斷出現在泰雅族的奇譚傳說中，相傳他不但能賜福族人，也能索奪任何人的性命。若想得到魯度夫的賜福，泰雅人必須透過 Gaga 首領舉行儀式，過程中遵守許多禁忌，部落的大小事情方能得到魯度夫的庇佑，像彼厚的父親瑋浪就是儀式主事者。而部落裡判定一個人是否遭魯度夫纏身，則是透過一個能與魯度夫溝通的使者，人稱「占卜師」(pkhguk)。

當時村裡就有占卜師，雅朋很想去請示彼厚的情況，但躊躇不前，因為泰雅族最高的律法Gaga就是從魯度夫衍生而來，不但是一種信仰，也是鐵一般的律法。只要發生任何人無法理解或解決的事，例如打獵時有人莫名失蹤或村裡發生偷盜事件，族人都會遵循Gaga，交由占卜師占卜作法，與魯度夫對話，最後下達裁決。若有人疑似「犯罪」，通常在占卜師的卜算下，都會指向那人祖先曾經犯下的錯事，報應在現世的子孫身上，遭到魯度夫纏身。即使是講求團結與共享的部落社會，若有人遭到占卜師算定魯度夫纏身，即使再好的朋友也不會提供協助與幫忙，因為每個人都怕碰觸到魯度夫纏身的人，深怕自己也會同遭懲罰。

因此，雅朋若是帶著彼厚去給村裡的占卜師卜算，全村很快就會知道這件事，而經過卜算若又確定屬實，他們夫妻倆在部落裡再難有立足之地，必會遭到所有人的唾棄，家人也會慘遭連累。因此，雅朋內心十分猶豫，既希望丈夫能從惡夢裡清醒過來，又希望自己能幫助他，但過了將近兩年始終不見好轉，她只能繼續守在彼厚身旁，夜夜以淚洗面。

直到有一天，雅朋晚上回家時，看到彼厚坐在床邊，表情猙獰，看到她卻好像沒看到一樣，只大叫：「小心！敵軍來啦！」

然後他往前一跳，撞在門板上，雅朋登時跌坐在地上。她看著丈夫左騰右轉，不斷像是閃避著什麼，嘴裡還喃喃自語：「不要跑啊！快趴下來！」

雅朋這時才確信，丈夫真的生病了。

戰後的台灣，許多地方的行政單位經歷了日本人撤離、國民政府入台的政權轉換，急需從戰時停擺的狀態重新開始運轉。特別是學校，日本籍教師相繼離台後，學生乏人指導，校舍一度形同虛設，百廢待興。當時新上任的南澳鄉長聽說彼厚在戰前曾在學校擔任教師，便找到碧候村來，希望彼厚能回去擔任教職。彼厚一聽馬上拒絕，一方面他不會說國語，在翻譯與授課上會有困難，另一方面以他自身的身心情況，絕對無法勝任教師之職。

鄉長轉而邀請彼厚到南澳鄉公所兼職，因為他知道彼厚的日文程度很好，可以幫忙整理日本人留下來的文件資料，翻譯後即可繼續使用。彼厚想婉拒，但一旁的雅朋心想，丈夫若身處在人較多的工作環境，或許可以調適現在精神上的緊繃狀況，因此她勸彼厚接下工作。其實剛從戰場回來，彼厚覺得自己的「信念」完全遭到摧毀，實在不想再看到日本時期的文件。這時，雅朋大聲說：「你不為自己想，也該為我們母子想想！」

彼厚一愣，只見雅朋堅毅的臉龐上，一滴淚水滑落臉頰。

雅朋看著彼厚時不時因為喝酒過量而顫抖的雙手，只好冒險一試，想用自己與兒子激勵他。在鄉長與雅朋的極力勸說下，最終彼厚勉強答應了。

鄉公所的工作並不複雜，彼厚每天除了協助文件翻譯，其餘大多數的時間就是打掃環境，整理公所周圍。但雅朋發現他每晚還是喝到酩酊大醉，情況沒有絲毫改善，所以他除了勉力應付眼前的工作，與同事從無交集。

一天，彼厚一如往常，吃過午飯之後，提著水桶、拿著破布，開始擦拭所內四周的玻璃。恍惚的眼神，傾斜的肩膀，可以想見他昨晚醉得多麼嚴重。透過他的模糊目光，六十公分見方的玻璃好像放大了數千倍一樣，手中的破布擦了許久還是擦著同一塊地方。

突然間，一個低沉卻異常清楚的聲音傳進了他的耳裡。他頓時清醒過來，但無法分辨那究竟是真實的聲音，還是來自他的腦中。

那個聲音叫著一個名字，彼厚愣了一下才意會過來。那聲音叫的是他的漢名，林萬福。

一九四五年，行政院實施「修正台灣省人民回復原有姓名辦法」，所有人一致登記漢名，不接受登記原住民名字，更不接受日本名字，於是各地鄉公所就「發配」中文名字給原住民。彼厚一家抽到「林」，從此他就叫「林萬福」，萬福是父親瑋浪所取。

彼厚意會過來後，從窗戶的縫隙往裡面看，見到一名鄉公所的同事站在窗戶另一頭，正微笑向他打招呼……

那天傍晚，雅朋站在店鋪外收拾雜物，準備要拉起門簾閉店，遠遠的看見彼厚從公所走了回來。她看了酒桶一眼，心想，明天大概又得去補貨了，暗自發起愁。彼厚走進店裡，腳步停下，淡淡看了酒桶一眼，便轉過頭認真地對雅朋說：「收拾好東西後，帶著孩子跟我去一個地方。」

彼厚說完後，彎下腰開始幫忙雅朋整理店面，也沒再看酒桶。雅朋大為驚訝，因為這是她近兩年來，第一次看見丈夫回來後沒有立即前往舀酒、嘴巴唸著她聽不懂的話語。

雅朋和彼厚抱著剛出生幾個月的大兒子，來到南澳村一戶民家。才剛走近門口，一陣彷彿能夠撫慰心靈的悠揚歌聲從門內傳了出來。彼厚聽了，轉頭微笑看了妻子一眼，便踏步走進去。雅朋不明所以，有些疑懼，不知道丈夫到底帶自己來到什麼地方，但她看到彼厚似乎從以往的潦倒中清醒過來，甚至帶著一臉微笑，這對她來說比什麼都重要，所以也快步跟進屋內。

走進室內亮處，裡面大約圍著二十來人，每個人手舞足蹈，歡欣唱著不曾聽過的歌曲。大家看到他們走進來，都以歡迎的眼神迎接他們。彼厚牽著雅朋，找到空位坐了下來。過了不久，講台上的一人拿起一本小書，開始朗讀內容。每當那人講到一個段落，在場的人群都會發出一聲「阿們」，愈到後面，阿們的聲音愈大，人群的情緒也隨著愈加高昂，等到那人講完最後一句「此為奉主耶穌基督之名，阿們！」，全場也跟著同聲喊出「阿們」，聚會結束。那音波震得雅朋耳裡嗡嗡作響，心中大嘆不可思議，只覺得全身頓時舒活了起來。

這時有人熱情地過來打招呼。「是林萬福先生吧？過來和我們一起唱歌！」

雅朋和彼厚立刻走進人群中，也有人過來向雅朋打招呼：「你叫什麼名字？」

「林玉蘭。」雅朋以漢人名字自我介紹。

「玉蘭朋友是新來的！大家快過來歡迎她！」

那人登高一呼，二十幾個人把彼厚和雅朋團團圍住，開心唱歌。

雅朋偷眼看著彼厚，見到他露出久違的笑容，她心想：「只要這樣就夠了！」

◇ ◇ ◇

從那天起，彼厚每天從鄉公所下班，就會帶著雅朋、揹著兒子，前去南澳的漢人民宅參加聚會。彼厚不再喝酒，而且自從第一次參加聚會那晚之後，也很少夢見血紅色的海洋了，他覺得內心一片平靜，而且是前所未有的平靜。

後來雅朋才知道，這個團體信仰的是「基督教」，而他們參與的是基督教的「真耶穌教會」這個派別。平常帶領禱告的人所唸的小冊子名為《聖經》，當時聖經的印行本很少，因此傳教多靠口傳福音，而且多半使用日文聖經，再經由導讀者翻譯成台語或直接說日語來傳達給大家。彼厚的日文程度很好，聽力沒有問題，於是他不斷記誦，開始了解聖經的意義。

聖經的內容分為舊約與新約。舊約聖經有許多內容像是勸人為善、孝親父母等，其實與泰雅族 Gaga 族律的精神頗為相同（據說這是基督教在原住民部落迅速散布的原因之一），因此更增添了彼厚信奉基督教的信心，差別只在於泰雅族另外有各種祭祀儀式。新約聖經則是講述耶穌基督的生平、地位與事蹟，整部聖經有幾十位作者，包括上位的高貴君王到下位的地痞流氓，每個人都寫出對於神的經歷及感悟，其中包含許多痛苦和磨難，他們卻依然勇敢信神，令彼厚大為感動。

但彼厚信仰基督教的事，很快就傳入父親瑋浪與其他家人耳裡。起初是弟妹們在夜晚看到彼厚跪在家裡地上，兩手朝天、全身發抖地大聲嚷嚷，他們見狀大為緊張，趕快跑去告訴父親瑋浪。瑋浪剛開始不願相信，認為一向勇敢正直的兒子怎麼可能會有奇怪行為，但他還是決定親自確認一下。一天晚上，他步行到彼厚家門前，想看看到底發生什麼情況。

一開始沒聽到什麼聲音，瑋浪心想這兒子從小就非常優秀，雖然「迷戀」日本文化，把他氣得半死，但相信兒子不至於做出傷天害理的事情。若是真的發瘋，難不成真被「魯度夫」纏身？正猶疑間，屋裡突然傳出他聽不懂的聲音，瑋浪往屋裡一望，竟然看見彼厚跪在地上，兩手向天大聲呼喊。瑋浪非常震驚，一腳踹開房門，衝進室內，抓起彼厚的臉，大聲罵道：「你到底發生什麼事啊？」

彼厚見父親突然闖了進來，起先有點訝異，但馬上平靜下來，心想這事情遲早也需要讓家人明白。於是，他把自己戰後回鄉所遭受到的精神痛苦，以及參與真耶穌教會的經過，一五一十告訴瑋浪，同時希望父親也能嘗試信主，必能比以前快樂。瑋浪這一驚非同小可，他原本以為彼厚也許是遭到魯度夫纏身，拚著名譽不要，他也要帶兒子去給占卜師治療，沒想到兒子參與的是部落裡人人避之唯恐不及的「邪教」！他抓住彼厚的脖子，看著兒子的眼神，完全不像是受人蠱惑的樣子，表示彼厚此刻頭腦非常清醒，不由得萬念俱灰。

「我是 Gaga 的領袖，Gaga 就是我們的一切！你卻加入外來的邪教！你知道嗎？你心裡痛苦，家人可以陪伴你，但如果你堅持信什麼邪教，我打死你這畜生！」

瑋浪高高舉起手作勢毆打，雅朋衝上前來，阻止瑋浪打下去。彼厚掙脫了父親，緩緩站起來，對雅朋說：「別說了，我們走吧。」

「走？」雅朋驚訝地看著彼厚。

瑋浪在一旁叫道：「好！你走啊！我沒有你這不敬祖靈的兒子！你留在這裡會害死我們全家！」

瑋浪發起狠來，聲淚俱下說了重話，想看兒子是否會回心轉意。但彼厚聽了只是默然。他知道要父親捨棄傳統信仰，馬上接受一個外來宗教，根本是不可能的事情，但自己心意已決，除了堅守，此刻不能再有絲毫讓步。於是他低下頭，恭敬地說：「亞爸（泰雅語的父親），你把我養育成人，我始終非常感謝！這恩惠比什麼都還要大，但我內心從來不曾這麼平靜過，我已經決定，要信這位神了！」

說完，彼厚默默開始收拾東西，留下瑋浪在一邊站著，說不出話。彼厚揹起兒子，手裡拿些食物與器皿，便牽起雅朋的手，走出家門。一走到戶外，母親拉哈和兄弟姊妹們站在不遠的地方，每個人臉上的表情都不一樣，有的驚恐、有的不解、有的憤怒、有的悲傷，但一樣的是，沒有一個人願意走過來支持他。

彼厚的眼神依然是溫柔的。他看著母親拉哈憂慮的眼神，深深地向全家人一鞠躬，就牽起妻子的手離開家鄉。

◇◇◇

五年後，在宜蘭縣大同鄉英士村的教堂裡，有一位信徒向彼厚問起當初為何要離開故鄉。彼厚微微點頭，淡淡地說：「我只是……不知道什麼才是對的方向。」

那年在新幾內亞，彼厚從傷疲交織的痛苦中甦醒過來，海風彷彿吹來一陣陣呼號聲。他躺在床上，想起同伴們幾乎都死了，難過得痛哭起來。

他不能自己地悲聲慟哭。回想起坐在小艇上前進島嶼時，大家還開心地唱著鄉歌。他想到大哥也可能葬身海底，不禁自問：「難道我是戰爭的加害者嗎？」

最後幸運回到部落，雖然很開心看到大哥還活著，但每天晚上，他都看到那些死去同鄉的臉龐。每到夜裡，他一轉頭，原本在他四周手拉著手開心唱歌的同鄉們，全都捲入火海中痛苦嘶喊，彷彿向他大叫：「你為什麼要相信日本人？這就是你所謂的『未來』嗎？」

「不是的！這是戰爭啊……」

他好恨，為什麼有人要發動戰爭？讓那麼多的同鄉全死在那不屬於他們的地方。那股恨意從心底將他緊緊攫住，彷彿他從此再也沒有離開那片海洋。

直到那天在鄉公所的窗邊，彼厚聽見有人叫他。往窗戶間的縫隙望去，他看到自己的一位漢人同事。同事對他說：「我注意你很久了，覺得你很憂慮……」那同事也不管彼厚聽不聽，就對他講起聖經的事。

彼厚對英士村的信徒說，直到那時他才知道，原來有一位神早在億萬年前就已經存在。所有的人類行為和歷史演進，都不離一個道理的本質，那就是「愛」。

就在同事對他講述聖經的那天午後，他決定相信上帝。什麼日本人、國民政府，在他眼裡都不需要再相信。他只想讓自己同胞過著「好的生活」。

其實當時他心裡也很害怕，不敢確定自己這個決定是不是對的。面對這位才開始信仰不久的神，他還懵懵懂懂，卻要離開相處二十多年的家人，值得嗎？如果選擇放棄，應該比較輕鬆吧？

但是彼厚很清楚神在他身上造成的改變。原本他是個將自己鎖在內疚牢籠裡難以自拔的人，但在鄉公所的窗隙間，他好像看見了一道光，柔和且純粹，告訴他要勇敢堅持下去。在那道光亮的面前，他明白沒有人是孤獨的。而且即使是大奸大惡的人，也有自己困苦的一面，不管再怎麼流離、心痛，在這個世界上，都有一個神俯視著每個人，期待你能仰望祂、相信祂，讓祂恢復你的信心，重新站起來。

彼厚開始意識到，有一個神從未放棄他。他開始在夜裡不斷禱告，祈求上帝也能拯救那些留在海上的亡靈，雖然他們死前還未曾知道這個信仰。如果可以的話，他希望神能讓兄弟們早一步前去「天家」，那麼他也會起而行動，把福音傳給世界上的其他人，直到有一天，大家都能在那片沒有痛苦哀傷的地方重新聚首。

彼厚很清楚，無論未來會遭遇什麼困難、什麼磨難，他將承受的都不會比當初返鄉時還多，如果連他都能重新站起來，那麼他就應該去告訴這世界上需要幫助的人，告訴大家：你們，不是孤獨的。就是因為這樣，彼厚才有勇氣走出家門；因為這樣，他才有能力避開父親的目光，同時相信自己一定會再回家，把這美好的事情分享給他的家人。

◈ ◈ ◈

當時彼厚心裡浮現的「與他人分享」這個想法，很快就得到實現。幾日後，高添旺先生來到南澳傳福音。高添旺傳道師是花蓮太魯閣族人，致力在台灣各個原住民族群的山地部落傳播福音，影響非常深遠，眾人尊稱他為「山地保羅」或「台灣原住民族教會保羅」。高添旺傳道師剛開始在南澳路上傳福音時，根本沒有人參加，許多人甚至圍在四周對他叫罵，要他帶著邪教滾出去。但高添旺絲毫不受影響，挺直了背脊，賣力分享他的盼望。

過去日治時期禁止基督教信仰，高添旺傳道師就曾在傳教時遭到日本警察逮捕，日警還拿著武士刀架在他脖子上，要他放棄基督教信仰。但高添旺抵死不從，日本警察就把他綁進麻布袋裡，丟到海中。很幸運地他掙脫布袋，游泳回到岸上，他感謝上帝讓他繼續走下去，因此往後即使面對喧鬧的人群，都阻止不了他的信心。

高添旺講了這樣的故事，一旁群眾大喊根本是天方夜譚，人豈有被日警捉住卻殺不死的道理。但當時坐在台下的彼厚內心卻感到同意，因為他明白傳道師所講的永生不是指肉身不死，而是靈魂不滅。佈道結束後，彼厚走到高添旺傳道師面前，表示自己篤信上帝。

高添旺大為驚喜，他沒想到南澳居然已經有原住民信主。明白了彼厚所參與的是「真耶穌教會」後，身為「台灣基督長老教會」傳道師的高添旺拍拍彼厚的肩膀，微笑說：「這都是同理而生，我所傳是基督長老教會，但無論你信的是什麼派別，都是同一位上帝。如果你願意的話，我帶你去見一個人，他是我們的啟蒙導師。」

彼厚一聽，好奇問：「是誰？」

只見高添旺語氣微停，恭敬說道：「孫雅各先生。」

在鄉公所服務時的彼厚．瑋浪

慶台的母親雅朋．彼厚

◈◈ 高添旺傳道師（右二）致力在台灣各個原住民族群的山地部落傳播福音，是台灣原住民最早期的傳道人。

第三章

星辰

【慶台的話】

爸爸離開人世的時候我還很小，只有一點印象，沒有直接和他溝通過，所以他對我媽媽說的那些話，希望我們三個兄弟成為牧師，其實我本來是不太了解的。我小時候並沒有很了解我們家的基督教背景，畢竟爸爸過世的時候，我才六歲。

大概是到了我開始要和外界接觸時，才意識到原來我很早就失去父親了，成長過程中只有媽媽。媽媽是個非常和藹可親的人，很懂得幫助我們這些孩子長大，雖然過得很清苦，但也只是比別人的生活差了一點，並沒有清苦到不能生活的地步。

爸爸過世後，媽媽就把爸爸以前傳福音的工作接了下來，到處去不同的地方傳福音。所以爸爸的事情我是後來聽別人說才知道，真正帶給我最大的影響是媽媽，不管是做人、處事，媽媽都給我們很多的教導與訓勉，但其實她是受我爸爸的影響。可以說，爸爸的信仰與認真顧家這部分，透過媽媽教導給我們。

在台北馬偕醫院的病房裡，彼厚睜開雙眼，微微起身。這不知是第幾個晚上了。弟弟由幹從病房外走進來。

「哥，你找我？」

「我想喝飛鼠湯。載……我回家……」

聽完這句話，由幹難過得流下淚來。

◈ ◈ ◈

回家路上，車子開過碎石路面，彼厚回想起這十幾年來一步一腳印傳教的過程，不由得一笑。

自從遇見高添旺傳道師後，彼厚跟隨他來到宜蘭市一場好幾百人參與的佈道會，站在台上演講的，便是另一位影響他一生的人，孫雅各先生（Rev. James I. Dickson）。

孫雅各是二次大戰前後來到台灣的加拿大籍宣教師，是最早期深入原住民部落宣教，妻子孫理蓮（Lillian Dickson）也是著名的弘善者，她是台灣最早的女性宣教師之一，創立了全台灣第一所專門治療烏腳病的機構，名為「芥菜種會」。描述她一生事蹟的《天使在她身旁：台灣的德蕾莎——孫理蓮宣教士》書中，孫理蓮說丈夫孫雅各在大學時期曾打工搬運家具，他打廣告說「我們能搬動任何東西」，這句話很能凸顯他樂觀處事的人格特質，往後的宣教生涯也一直沒有改變。

孫雅各便是憑著這股意志在台灣傳教，堅持不懈。他的學生胡文池是最早向布農族傳道的牧師之一，胡牧師也曾在著作《憶往事看神能》中提到「可以搬動任何東西」這句話，他說這句「任何東西」也體現在孫雅各的宣教過程中，包括來到台灣後搬運了基督的福音及禮拜堂到山地，也數次搬運台北神學校（今日的台灣神學院）從淡水街到台北市內，最後搬到陽明山上並新建校舍。胡牧師說：「他有健壯的身體、堅忍的精神，能負起任何重擔。」

孫雅各搬運的第一樣東西，是把意志交給上帝。他生於美國南達科他州，一九二七年畢業於普林斯頓神學院，同年與同學孫理蓮結婚。在當時的美國，海外宣教事工正盛行，孫雅各和孫理蓮不同於許多夫妻的蜜月旅行縱情遊山玩水，而是許下「讓我們到最需要的地方去，因為人生只有一次」的心願，從美國搭上船隻，經由福建輾轉來到台灣。

當時台灣處於日治時期。剛開始傳教時很辛苦，這時孫雅各再搬運「語言障礙」這個東西，在短時間內學會台語，希望能與平地漢人溝通。夫妻倆前往有需要的地方，一方面傳教，一方面寫信回美國請求教會協助募款。他曾擔任台北淡江中學代理校長，後來任職台北神學校校長。

無奈後來爆發戰爭，因為孫雅各一家是美國籍，受到日本總督府的壓力，不得不於一九四〇年離開台灣。等到戰爭結束後，孫雅各夫婦再度接受加拿大基督教長老教會的派令，於一九四六年正式奉派前來台灣。

這一次，孫雅各不單持續原本台灣神學校校長的工作，更把主要目標放在山地的原住民身上。根據紀錄，他有生之年在全台灣各個部落一共創建了三百八十五間教會，也提拔訓練了無數位原住民第一代傳道師，其中一位就是高添旺的老師姬望．依娃爾。姬望原是太魯閣族頭目的女兒，她接受孫雅各牧師的推薦，到淡水進修，是太魯閣族第一位接受西式教育的人，也是最早接受基督教的原住民之一。她於課程結業後回到花蓮傳教，高添旺牧師便是因為認識她而決心奉獻。

彼厚在高添旺的引薦下見到孫雅各。孫雅各對彼厚有很深的期許，封他為「囑託傳道」（即未從基督長老教會所屬神學院畢業、取得正式傳道師資格，暫時受託在教會牧養之傳道者），於是彼厚啟程回鄉，成為宜蘭南澳地區第一位泰雅族傳道人，展開他與上帝「同行」的旅程。這一次，他的執著終於打動了父親瑋浪，以及他深愛的家人。

慶台的弟弟約道回憶說，父親彼厚剛回鄉傳教時，無論是與家人或村民相處都遇到很大的困難，但他仍誠心地挨家挨戶拜訪。約道說：「態度好一點的會讓他進家門，很多人則是直接轟他出去，還往他身上丟東西。但父親沒有放棄，他不斷前去拜訪，講解至理。」

約道聽母親說，當時父親常在碧候村的廣場上傳福音，只要有人願意接受，他會替他們禱告、祈求身體病痛與生活好轉。然而，他的兄弟姊妹們由於對他感情最深，也最不能諒解他的行為，常會在廣場兩邊不斷對他丟石頭，希望他別蠱惑村民。

石頭打在彼厚的臉上，他不躲不閃，只是誠心說著：「你們聽我說，這對我們是有幫助的……」

大哥哈勇聽了大笑起來，指著彼厚罵：「你是Gaga的子孫，之前被你和日本人騙了還不夠嗎？現在你還想用什麼宗教來騙大家？」大哥叫眾人繼續丟，石頭彈如雨下，彼厚被打得全身是傷。妻子雅朋看不下去衝上前來，不顧自己又有身孕，擋在彼厚面前，大聲叫著大家都是一家人，有必要這樣對付自己兄弟嗎？眾人聞言才漸漸收手。

雅朋轉頭看著彼厚，見他滿身都是石印和傷痕，眼神卻很堅定，不禁難過得掉下淚來。

她當時剛懷第二個孩子，也就是慶台的二哥（出生後很早就過世了），雖然一家過得辛苦，但她支持丈夫的理想，一句話也沒說，只是靜靜幫彼厚撥開身上的石頭，陪他一起禱告。

彼厚的妹妹在遠處憂心忡忡看著，心裡覺得有件事應該告訴彼厚，就是：父親生病了！原來彼厚離開家之後，父親氣得每天都睡不著，後來突然染上怪病，整天直發高燒、咳嗽，沒法起床，村中占卜師說他被魯度夫纏身，全家頓時陷入愁雲慘霧中。大哥哈勇氣得直罵，都是因為彼厚信邪教、惹魯度夫生氣，才會變成這樣！所以他丟石頭丟得特別兇。但妹妹在一旁看著，覺得事情也許不見得是如此，或許還有轉機。

一天晚上，妹妹悄悄溜到廣場，對彼厚說父親生病了。彼厚聽了大吃一驚，對妹妹說快帶他去見父親，於是妹妹排除萬難，在夜裡摸黑帶彼厚回家。彼厚甩開兄弟姊妹們阻擋的手，走到父親床前跪下，用力握住父親的雙手，整整禱告了一整夜。看著父親的眼神從原先的憤怒、惶恐、擔心，漸漸變得柔和、安心，高燒居然就漸漸退了。兄弟姊妹們在旁看了都覺得不可思議。

父親起初應該是感冒，但因為生氣難過而久久不能痊癒。於是彼厚拖著疲憊的身軀，幫父親熱敷身體，並且每天持續在床前禱告，細心照顧父親。幾天後，瑋浪已經可以坐起來，還能平順說話。

家人開心極了，認為魯度夫已經釋放父親，但瑋浪知道並非如此，要彼厚把他的祈禱內容說出來，彼厚就在父親面前，把聖經的話語，分享給所有家人。

約道曾聽長輩描述那段經過，他回憶說：「從那一刻起，一切開始轉變了！我父親開始受到家人和村民的支持。」

彼厚單獨傳教期間，碧候已開始有一部分的人信主，等到孫雅各先生親自來佈道後，漸漸有大約七成的碧候村民都信基督教；基督教帶來了信仰、教育與醫療，大大改善了村民的生活。一年後，一九四八年，彼厚在碧候建立台灣基督長老教會的聚會所（碧候教會的前身），而且是瑋浪帶著村民、集合眾人之力建立起來。

孫雅各很讚賞彼厚的努力成果，他問彼厚，想不想把他的感動傳向更多地方？彼厚一口答應。他把教會交給碧候村民經營，自己則與雅朋帶著孩子開始走遍各個鄰近部落傳教，也協助鄰村遷址、改善生活。之後他更翻山越嶺，讓福音傳遍整個宜蘭；過程中他全程步行，不但不怕風吹雨淋，即使遇到村民把他轟出民宅、甚至頭目帶頭威脅追殺，他仍貫徹意志信仰。最後，他甚至落腳在山上，也就是慶台出生的梵梵部落（舊名「芃芃部落」）。

梵梵部落位於宜蘭大同鄉，居民性情剽悍，過去曾是令日本人非常頭痛的部落，發生過好幾場血戰，後來遷村下山，一九七〇年改名為「英士村」。這裡的村民多為各地老聚落遷徙下來的泰雅族原住民，不是由單一聚落組成，是個綜合型村落。據當時住在部落的長老說，一九五一年彼厚一個人剛去梵梵時，走進第一戶人家，講了一句基督教經文，那戶人家就表示：我相信！讓彼厚感到不可思議。比起其他部落，梵梵的居民似乎與他很有緣分，彷彿早就等著他似的，傳道非常順利，他覺得這裡應該是個深受上帝眷顧的地方，因此決定在這裡長住下來，攜家帶眷搬遷至此。

彼厚著手建立教會。梵梵的地勢屬於靠山的斜坡地形，房子都是斜向朝山建蓋，而搭建教會所使用的石頭，全是由彼厚帶著村民走下河床，一堆一堆慢慢挑上來。

此外，彼厚以梵梵為基礎，往附近更多地方傳教，也繼續幫忙許多還住在深山的部落遷移下來。他認為：「好的傳統值得保留，但在這個時期，遷到山下會有比較好的生活。」因此在宜蘭的原住民傳教史上，彼厚在許多部落的遷移過程中留名。

當時只是小孩子、後來成為英士村教會長老的何長老說：「我從來沒看過這麼認真的人。牧師不曾休息，他不是投身宣教工作，就是建設部落，招呼大家蓋房、種田，說：『要有好的生活，就要大家一起努力。』他對村民很嚴格，每當看見愛喝酒、抽菸的村民就會大聲斥責，可是那些村民來到教會，他又會非常親近。如果沒有食物，他會拿起獵槍，帶著村民追逐野鹿，可以追個六天七夜，就是要把食物帶回來，但主日敬拜的時候一定會出現主持，真是個不可思議的人。」

彼厚小時候在部落裡把打獵技術學得非常精練，對他來說，這是原住民的傳統維生技能，因此即使信了基督教，他依然會帶著村民上山打獵，認為不可偏廢，只是不強取、不豪奪。他總是說：「我們只取自己需要的，尊重每種生命的延續。」

他非常愛梵梵這裡的村民，愛這裡的一切，即使大家能奉獻的並不多。他與妻兒努力耕作，逢年過節就把儲藏的糧食拿出來分享。何長老說：「大家會紀念他不是沒有原因的。」

慶台當時的年紀雖小，對父親當年的情況還是有些微的印象，他說：「我記得父親的手，永遠都在顫抖著。」

他從事勞動而顫抖的雙手，因為堅定的信仰而從未絲毫鬆懈，然而像這樣日以繼夜地工作，身體終會有累垮的時候。雅朋知道丈夫的身體愈來愈差，但依然支持丈夫完成他想做的事情。終於，在彼厚四十五歲那一年，他倒下了。或許他的身體與精神早就遭受戰火與酒精的摧殘，只是因為站在窗前受到主的呼召，奮力回應到現在，而如今時候到了。

家人把他送到台北雙連的馬偕醫院，醫師說是肝癌末期，活不了多久。雅朋即使心裡有數，還是難過得哭了出來，反倒是彼厚拍拍雅朋的肩膀安慰她。

住院一段時間後，有一天晚上，彼厚從夢中醒來，感覺上帝要來接他了，於是把坐在病房外面的弟弟由幹叫進來，說：「帶我回家。」

老一輩的原住民過世時一定要死在家裡，因此由幹一聽便知道彼厚即將離開他，難過得流下淚來。那時候是春天，彼厚由弟弟開車載著，返回家鄉。回到自己成長的地方，彼厚躺在床上，開心笑著對弟弟說：「我想吃飛鼠湯，去幫我打飛鼠啦！」弟弟心裡難過，但還是向他心目中的偉大哥哥深深致敬，然後提起槍去後山尋找飛鼠。

當時大兒子志陽受到父親彼厚推薦，在淡江中學念書，得知消息後，連夜趕回家探望。剛趕回家的志陽坐在床的一旁，彼厚摸摸他的臉頰，對他說：「長大後當牧師好不好？」

志陽其實對做生意很有興趣，但此刻在父親面前，他感傷地說：「好。」

這時，雅朋走進來，顯然已調整好心情，走到彼厚床前。彼厚握著雅朋的手，笑著說：「有件事想拜託你。」

彼厚轉頭看著屋外的深邃夜空，說：「希望三個男孩子（志陽、慶台和一歲的約道）都可以當牧師。」

雅朋心裡很難過，卻還是點點頭，勉強笑著說：「到現在還在想這件事。我騙過你嗎？」

「沒有。」

千言萬語，彼厚都難以述說對雅朋的感謝。從戰爭到信仰，雅朋始終沒有離棄他。他深情看著雅朋，靜靜進入夢鄉。走過二次大戰的戰火烈焰，直到在窗邊受到上帝感動，他曾經是「彼厚・瑋浪」、「谷崎先生」、「林萬福」，而到了這一刻，如果問他是誰，彼厚應該會說：「我是上帝的孩子。」

彼厚就此長眠，得年四十五歲。

彼厚過世後，許多曾經受他幫助的部落村民和信徒都來到家門前，向彼厚道別。彼厚的家人和孩子們坐在一旁，驚訝得說不出話。

◇◇◇

星星非常明亮的一個夜晚，慶台坐在草地上，身後坐著哥哥志陽。志陽一直不知道該怎麼向弟弟解釋父親過世了。

「聽媽媽說，父親是飛到天上？」慶台轉頭，好奇地問哥哥。

志陽回答：「是啊！爸爸去見上帝了。」

「上帝在哪裡？」慶台在天空中尋找上帝。

「就在那裡啊！」志陽往天空一指，但慶台依舊不知道什麼是天堂，他眼中只看到億萬顆美麗的星辰，也許那就是由無數的前人幻化而成的吧。

於是，慶台高興地說：「天堂一定是很美的地方！」

在彼厚的努力下，碧候的台灣基督長老教會終於卓然成立。圖中人物為碧候教會的初代牧師和長老們。

◇◇
由左而右依序為慶台的母親、三哥（母親抱者，已歿）、大哥志陽、父親、二哥（父親抱者，已歿）。

◇◇ 慶台的父親彼厚．瑋浪（右）和彼厚的弟弟撒該．瑋浪。

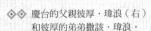

第二部

信仰的子女

第四章

涼風中的狂奔

【慶台的話】

我小的時候，第一次到學校接觸上學、讀書，就感覺到老師很奇怪，怎麼會講我們聽不懂的話呢？後來才發現，原來老師與我們是不同的族群。

所以，小時候剛開始學習新的文化不是很適應，因為必須對泰雅族的生活、習慣、語言整個改觀，實在非常驚訝。這也讓我在學習新的語言和文化時覺得有很大的落差，沒有辦法適應。

現在回頭想那段時期，會覺得我們沒有辦法活出自己，原因就在於學校學習的東西不是我們的文化，我不能理解為什麼要學習那樣的事情，所以成長過程中，讀書學習的經驗不是很好。學校和部落像是兩個世界，在學校學習那些東西，回家之後就跟著外公學習，畢竟我是泰雅族，生活習慣都和外公一樣，很適應外公的生活。這兩個世界的差距實在非常大。

國民政府的新制度對我們的文化衝擊很大，有點像是硬塞給我們的。外公也知道這是制度，沒有辦法，反正學校去了就對了，他也不在乎我們是不是真的學到東西。未來的發展是我們完全料想不到的。

一九六七年七月，正值酷暑時節，蘇花公路的南澳客運總站裡，一位站務人員正在引導一輛輛巴士停進站內廣場。

幾輛銀白色的金馬號客運巴士整齊排列。它們的車體閃著銀光，繪著鮮活縱躍的金色馬匹圖樣，模樣趾高氣昂，感覺就要騰飛越過底下的國土地圖，踏上廣大的疆域。

七月酷暑熱氣逼人，很像大型三溫暖，連平時人聲鼎沸的南澳街道都被灼燒得無聲無息。銀白客運的車頂上飄起絲絲薄白的蒸氣，整個客運總站像個大火爐，站裡平時活蹦亂跳的狗兒也像煎熟的魚兒癱軟在地，眼角露出沮喪鬥敗神情。

司機們都離開巴士，齊聚在廣場邊緣的騎樓下休息，有的成群談天說地，有的則斜躺在蔭涼處，手揮毛巾汗如雨下。空氣裡除了瀰漫著熱氣，還參雜一股惱人的雜音，車站建築裡一名人員正死命轉著收音機，傳來斷斷續續的調頻頻道雜訊。時間每到整點，中央廣播電台就會透過站內播音器播放起疲憊嘶啞的歌曲，協助旅客們抵抗綿長的倦意。

沒有人注意到，廣場邊緣一處草叢裡出現一陣騷動。

沒多久，三個黑漆漆的身影從草叢裡探出頭來，大半的身體都看不見，只露出三雙明亮的眼睛。他們虎視眈眈，有如猛虎準備要撲殺一般，靜待獵物鬆懈防備。

「喂，他們都去休息了……」

「那待會兒……你去吧。」

「怎麼會是我去？」

爭吵的兩個男孩一個身材瘦高，一個矮矮胖胖。另外還有一個小個子曬得黑不溜丟的，嘴角揚著一股自信；他蹲坐在高瘦男孩後面，兩腿彎曲雙手抵地，擺出一副準備起跑的姿勢，對另外兩個男孩說：「別吵啦！待會有事就交給我！」

「錦代……」矮胖男孩轉頭看了小黑男孩一眼，接著向高瘦男孩使個眼色，並說：「你去吧！」

高瘦男孩手拿一把鐮刀，躡手躡足靠近一輛巴士底下。確認四周安全後，他舉起鐮刀，朝前輪後方一塊赤紅色物體小心劃割，那是車輪的擋泥板；起初不太順利，但是繞過胎緣的阻隔之後，他使勁一拉，整塊物體便從車子底盤滑落下來。他將擋泥板揣入懷裡，站起身，三人滿臉竊喜，準備離去。

一名站務人員從另一邊走過來，剛好看到這個情景，急忙跑向那輛被偷的巴士，使勁拍打車門，對車上熟睡的司機大喊：「有三個死小鬼在偷你的東西！」

正準備走進草叢裡的孩子們驚覺事跡敗露，面面相覷幾秒，接著轉頭往車站門口跑。那司機猛然驚醒，急忙跳下巴士，順著同事手指的方向，朝三個男孩撲去。跑在最後面的瘦高男孩閃避不及，與司機撞倒在地，兩人就在滾燙的地面激烈扭打起來；另外兩人見狀，趕緊停下腳步要回去幫忙，但高瘦男孩一邊伸長手臂抵抗，一邊從懷裡掏出紅色物體，朝向小黑男孩拋去，嘴裡同時叫著：「錦代！快跑啊！」

那個叫錦代的男孩手腳俐落地接過物體，拔腿就往車站門口狂奔。幾個原本在騎樓下乘涼的司機見狀，紛紛從四面八方圍攏上來。錦代在一群橫攔的手臂間轉來竄去，動作敏捷，腳底也跑得飛快，轉眼已突破重圍、衝出車站。

「快抓住他！那死小鬼偷了擋泥板！」

遭竊的司機見錦代一溜煙就跑得老遠，氣得狠狠一拳將高瘦男孩打倒在地，他站起來大吼一聲，朝錦代追去。

兩人一前一後，在南澳大街上沒命地狂奔，路過的行人不是被撞歪，就是被逼得停下腳步。兩人從大街闖進小巷，穿過路旁一片樹林，再闖進學校操場，最後一起衝進田裡。錦代彷彿有用不完的力氣，反倒是司機已跑得氣喘吁吁；錦代一邊跑，一邊還有餘裕撈起腳旁的溼稠泥土，朝後方的司機扔去，司機閃躲不及，被打得滿臉汙泥，泥水模糊了他的視線，更燃起他的怒氣。

司機愈跑愈急、愈趕愈氣，眼看就要勾到錦代的領子，突然見錦代一個轉身，往一旁田埂躍去，在田埂邊踩上幾步，再跳往旁邊一座小土丘。司機趕緊想要跟上，他繞過田埂，直接朝土丘衝去，打算一步從水田裡飛躍到土丘上，拉近與錦代的距離，但沒注意到鞋子才剛踩過泥水，兩腳正溼滑，一踩上土丘就向後一仰，整個人倒栽蔥摔進田裡，濺得泥水飛揚。

「我是無敵的啊！是真正的勇士！」

錦代忍不住開心地大叫大笑起來。另外兩名友伴也從車站旁一條小徑溜了出來，錦代見狀，興奮地朝著他們大喊：「馬盪、哈勇，我們成功啦！那笨蛋摔進田裡了！哈哈哈哈！」

司機筋疲力竭，只能倒在泥水灘裡，眼睜睜看著錦代笑完之後，飛跳進一片雜草林，轉眼便再也無蹤影，獨留他在後方水田裡震天罵喊。

這個叫錦代的男孩就是年滿七歲的慶台，機靈敏捷，天不怕地不怕。村裡的孩子們叫他「錦代」，是他漢語名字「慶台」的諧音。

他跑在原野上，一陣涼風穿透暑氣，從山谷底處向他吹來。他滿心歡喜，對著山谷底處盡情高唱起來，歌聲迴盪在山谷間，譜成一首自然合鳴的旋律。

這是慶台對頑皮童年記憶最深的其中一幕。回憶起童年，慶台只說：「就是在涼風底下，拚命狂奔……」

◈ ◈ ◈

慶台的父親彼厚過世之後，雅朋便帶著孩子們回到碧候故鄉，準備展開新生活。即將離開梵梵部落之前，家人們一起見證部落以彼厚的名字為教會命名，定名為「林萬福紀念教會」。對於村民的好意，雅朋沒多說什麼，只把田地和財物全部留給當地的居民，幾乎沒帶走任何東西。經過教會時，她停下腳步，緊握雙手，對村民說她要感謝上帝，同時，要感謝這份不平凡的際遇。

回到碧候，在故鄉等待他們的，是雅朋的父親與彼厚的弟弟由幹。雅朋起初帶著兒女們暫居在父母家。父親的心裡雖然疼惜女兒的遭遇，但他一如往常，嘴上沒多說什麼。他在屋裡騰出一個空間，架起幾張板床，鋪上保暖草蓆坐墊，只希望女兒可以好好歇息。

雅朋走出門，朝山下整個部落望去，滿滿的全是彼厚與她曾經共同生活的記憶。彼厚的弟弟由幹感念與哥哥的情誼，向雅朋領養彼厚的獵犬，有空時就帶著牠們上山打獵。看著獵犬們跑動的身影，他說：「彷彿哥哥還在我身邊……」他同時將後山一片五分旱地分給雅朋，協助她種些花生幼苗，期盼她能開始種植經濟作物來支撐家計。

雅朋與兒女在父母家住了半年，每到晚餐時間，房子裡就會變得非常擁擠。除了雅朋及女兒明禮（族名為璞懟．彼厚）、兒子慶台和約道（族名為猶浩．彼厚），雅朋的弟弟長年在海上捕魚，所生的三個子女也同樣和祖父母住在一起，一間十坪左右的房子，到了晚餐圍爐烤火的時間，常常塞了近十個人。雅朋對弟弟的子女視如己出，但她每晚還是向上帝禱告，希望上帝能賜予一間房子給她，好與孩子們有個屬於自己的家。

過沒幾天，一場突如其來的暴風雨將南澳北溪上游的漂流木沖到山下，堆積在河谷裡。雅朋冒雨跑下河床，將一堆尚未腐朽的木頭拖上岸。她請來木材行師傅點算，剛好足夠蓋一間房子。她聽了整個人跪倒在地，久久無法言語。

隔天，由幹一早便號召其他弟兄，將木材行分鋸好的木材全部運回部落，開始在雅朋父親家隔壁一塊空地搭建房子。屋頂捨棄傳統茅草式，改鋪上防水軟呢布，玄關也遵照雅朋所喜愛的日本屋舍樣式，運用四根直柱，打造出可遮蔭的門廊。雅朋穿過門廊，歡喜帶著兒女們四處閒逛；尤其是慶台，他一雙手抱著還不會走路的弟弟約道，在門廊前頻頻轉圈圈，結果兩人一起摔進旁邊水溝裡。

從返鄉時的一貧如洗，到如今能住進全村蓋得最講究的房子，雅朋將這一切歸功上帝。

當天晚上，雅朋簡略布置好房子，坐在床頭，哄著孩子們一個個睡去。她點起一根蠟燭，一個人站在門廊邊，看著夜空，心裡開始祝禱。她感謝彼厚，感謝他過世之後依然眷顧著她和子女，同時也希望彼厚在天家能夠好好安息，別再為他們擔心。想到深處，她難過地按緊雙臂，緊咬下唇，盡可能不哭出聲。她倚靠著一根直柱，深怕吵醒了兒女，但她沒注意到，屋裡的孩子們其實都在側耳傾聽。

一場風雨過後，在星辰閃亮、月光皎潔的夜裡，四顆想念彼厚的心，透過話語，透過沉吟，讓思念飄蕩在寂靜的夜空裡。

碧候教會在幾位長老的努力下，信徒人數比起草創初期多了二到三倍，逐漸成為村民禮拜與聚會的中心。許多外國籍傳教士不定期前來拜訪，除了舉行小型佈道會，還會帶來許多國際捐助的民生醫療物資。剛回到家鄉時，雅朋經常肩負起接待他們的職責，除了空出家裡提供給傳教士住宿，也會同村民準備餐點。因此在慶台小時候的記憶裡，家裡不定期可以看見金髮碧眼的美、澳或日籍傳教士。他總是躲在一旁，睜著一雙渾圓大眼睛，偷聽母親與對方的談話，心裡感到萬分好奇。

後來，雅朋決定承接起彼厚的衣缽，跟隨來訪的傳教士前往許多偏遠地區傳福音。她用真切的態度、誠摯感人的分享，感染了許多人，最遠還曾搭船去蘭嶼。慶台回憶起母親時，常會感性地講到：「聽過我母親傳福音的人，很少有人不會流下眼淚。」

當時年幼的他還不明白母親時常離鄉的原因，但只要雅朋偶爾回來，都會將沿途碰到的經歷化作種種故事與子女分享。那是播下「信仰的種子」，是最好的身教。

彼厚過世時，慶台的大哥志陽正就讀淡江中學，畢業後在台灣神學院就讀。慶台原本共有十個兄弟姊妹，但二哥意外過世，其他多是剛出生就不幸夭折，連同志陽只剩下四個兄弟姊妹，這也是彼厚努力推行基督教山地醫療的原因。比弟妹們大了十多歲的志陽在學校的時間，沒有一天不想著早日完成學業，好開始出外工作，分擔家計。每次只要拿到獎學金，他就興沖沖地趕回家交給媽媽雅朋，並告誡弟妹們要好好念書，將來一起對社會有所貢獻。

起先他總是乘坐客運回家，來回路程遙遠，風塵僕僕。退伍後工作存了點錢，他便買了一輛當時最流行的三陽摩托車，沿著蘇花公路一路疾馳返鄉。他踩檔時的「咖答」聲彷彿一種信號，一騎進村口，立即成為孩子們競逐的對象，但對於經常遭到志陽處罰的慶台來說，那當然是魔鬼般的警示聲響；遠遠聽見聲音，他總是急忙往反方向跑，跑到志陽找不到的地方躲起來。

雅朋與志陽都不在的時候，比慶台大兩歲的姊姊明禮為就會「姊代母職」，擔負起日常家務。每一天，晨間她要協助外公準備田間工作器具，然後前往下部落的碧候國小上學，一有時間又趕回家照顧弟弟們，沒半點休息時間。她遺傳了雅朋年輕時的男孩子脾氣，即使與同年齡的男孩玩在一起，也沒有人敢對她稍有不敬。這種性格可以保護弟弟們，但事實上，她管不了頑皮的慶台，只要稍不注意，慶台便從前門跑得不見人影。

◈ ◈ ◈

對於一九六〇年出生在梵梵部落的慶台來說，父母的故鄉碧候是一塊陌生的土地。當初告別梵梵的友伴時，一度有些不適應，但樂觀的他很快便恢復元氣，他看著碧候這片土地，等不及開始探索這個環境。

起初他與村裡的孩子還不太熟悉，即使聚在一起，也是玩些抓蟲子等簡單的遊戲。然而他有著與生俱來的領導性格，很快就成為孩子們的頭頭。一支由他領導的「野童軍」，在故鄉的曠野上正式成立；大人外出工作的時候，他們要盡情擴張遊玩勢力。

但要成為野童軍的領導並不容易，除了要有折服眾人的膽量，還得會構思遊戲，才能掌握住野童們容易浮躁的心。慶台觀察周遭環境，發明出一種當年盛極一時的極限運動，名為「山地衝浪」。

所謂「山地衝浪」是每人先去撿拾一塊木板，沿著部落後方的土坡向上走，到達與森林交界的林木線。等到午後下過滂沱大雨，雨水將地面浸得溼滑，他們便坐在木板上，沿著陡峭的山坡急滑而下。這遊戲考驗的不只是速度，當然也比膽量。慶台既然自許為「班長」，自然死抓著木板不放；待他率先衝滑至山下，再回過頭嘲笑途中摔得東倒西歪的友伴們。發明出這個遊戲，幫助他在很短的時間內累積起「武勇」的聲望。

但要玩這個遊戲，首先還是得看天氣。由於並不是每天午後都會下雨，斷斷續續的玩法很快就會消磨掉野童的玩興，於是慶台又想出另一種不受氣候限制的玩法，他稱之為「人工造浪」。

首先他要野童們全站在山下，然後他一個人拿起木板往土坡上爬，到達頂部的林木線之後，將木板往腳前一放，坐下時順勢解開褲襠，對準乾禿禿的地面一泡尿灑了下去，嘴裡同時大喊：「浪來啦！」接著他伸手向後一划，沿著尿水所開闢的溼土疾衝而下，反正只要稍微溼溼的就很好滑。底下的野童們全看呆了，也趕緊衝上山坡有樣學樣。

當天傍晚，村子裡家家戶戶還沒燃起炊煙，就聽見父母親教訓孩子的聲浪，原因是每個野童回家的時候渾身沾滿尿液！

既然「人工造浪」有這種風險，慶台只好急思變通的辦法。他將鬼腦筋動到外公所修築的排水渠道上。排水渠道是村裡重要的輸水管道，由外公親手挖掘出一條U型土溝，從山坡上的林木線附近延伸至村莊中央的灌溉水塘，以土溝將雨後過量的積水引到水塘裡，再導引至村外的水田，以免氾濫成災。由於土溝內的泥土長期送水，土質較一般溼滑，正是衝浪的絕佳地點。

過沒幾天，外公不斷接到村民抱怨，說渠道經常遭到不明野獸破壞，使雨水流進民宅，村民豢養的牲畜也飽受池魚之殃。外公從當晚開始握著槍桿，在土溝旁守了幾個晚上，卻絲毫不見野獸蹤影。直到有一天，他抱著年幼的弟弟約道在門前散步，經過土溝時，見到約道舉起還伸不直的手指，指著土溝開心地說：「哥哥，哥哥。」

外公一聽便知事有蹊蹺，隔天中午特別提早從田裡回家。他抽了一根藤條，站在渠道底下等待，果然不久就聽見山坡上喧嘩四起，只見慶台領著一大群野童沿著土溝從上方急速衝下，中途還笑罵聲不斷。身手較差的野童在途中就摔出溝外，將堵水用的土壁撞得崩裂四散。外公不等慶台滑到底部，伸手一撈就將他從半途提起，接著是一陣猛烈抽打，打得他抱頭鼠竄。野童們見狀也趕緊一哄而散。

山地衝浪從此絕跡。

不過這點小挫折當然阻絕不了慶台的玩興。他依然想方設法帶領野童到處橫行，後來村裡逐漸衍生出一條不成文原則：「只要哪家有事，請找林家，因為肇事者一定是林慶台。」

外公幾乎每天都得向街坊鄰居賠不是。有人是新買的腳踏車莫名消失，找到時只剩一個車輪，丟棄在水田裡；有人把猴子養在籠子裡，卻遭到一大堆石頭活活打死；有人則是米或食糧被偷，失主循著腳印追過去，往往只能撿拾到掉落滿地的殘跡；最誇張的莫過於一名農夫將水牛交給慶台，要他幫忙牽去田裡放牧，結果那麼大一隻水牛也被他欺負得頭重腳輕，幾天後竟不支倒地！

外公對這小外孫的惡行實在束手無策，他往往才剛拔了蔬菜賠給人家，一轉頭又見家裡多了十幾根芋頭。他把慶台綁在樹上吊起來打，慶台哭沒兩天，又有受害村民登門拜訪。儘管有些事情其實不是慶台所為，但他很重義氣，只要是野童們做的，他全都一肩承擔，這反而讓外公懲處起來更加為難。

慶台的表舅哈奈也經常受害。慶台曾偷了他十幾支掃把，最後搶回來的，不是變成浸了泥水的竹竿，就是掃把頭開了花。哈奈對此無奈地笑說：「這孩子和他母親小時候簡直一模一樣，在這種苦日子裡，都能夠憑著頑皮活下去。」

後來他幫慶台取了一個綽號，與雅朋年輕時的綽號一樣，叫做「諾萊」，意思是「好吃懶做的壞小孩」。

這個綽號隨著慶台的成長，大夥逐漸叫成習慣，後來反而取代了他的真名「巴度」，成為一生的族名，諾萊．彼厚。

◈ ◈ ◈

到了學齡時期，慶台也和姊姊一樣，開始就讀位於下部落的碧候國小。開學第一堂課，外省籍老師用粉筆在黑板上寫了一個大大的「ㄅ」，要同學們跟著唸。台下同學們看見那個「ㄅ」，開始議論紛紛，完全不清楚老師到底要教什麼。

早在一九五一年，教育廳便要求各級學校需以國語教學，嚴禁方言，到了一九六三年更頒布「山地人民生活改進辦法」，加強在全台原住民鄉間推行國語文教育。許多老一輩原住民還是講日語，在部落裡則是以族語交談，新的「說國語運動」難以拓展，於是特別規定學校的教職員都必須學習國語，每學期考核不及格者，可以依照規定免除教職，這使得原鄉的學校教育蒙上一層陰影。

到了慶台學齡時期，學校的老師經過汰選，多半已會講國語，對學生則採取強迫教育，沒有說明為何要學國語，學生既不明白自己學這些東西的意義，也不知道未來出社會後能夠講這種語言的重要性，因此許多人缺乏學習的熱忱與興趣，與學校之間始終存在一道鴻溝。以慶台為例，部落眾人叫他「諾萊」，到了學校，大家則一定要叫他「慶台」，混著原住民口音則變成「錦代」，這正是語言轉換時期的縮影。兩者就像互不相干的平行世界，看似有關，卻又沾不上邊。因此老師都還沒教到「ㄆ」，坐在底下的慶台就想：「教這什麼東西？又用不到，幹嘛要聽？」

於是第一節下課，慶台便起身吆喝同學們一起到溪邊玩耍；等到第二節上課，老師走進教室時差點沒一跤跌在地上，因為整個班級剩下不到三分之一的學生。

老師氣炸了，拿起藤條先在學校裡奔馳兩圈到處尋找，又跑出校外趕往河邊，果然看見慶台搭著女同學的手，一臉神氣地與假扮貴賓的同學們玩著「結婚遊戲」。有位同學聽見聲音，一轉頭，見老師像噴火似地衝來，急忙大聲喊叫，慶台便帶著同學們四處逃竄，一群人沿著河床從下游跑往上游，一路追逐叫喊。路過的村民搞不清狀況，還當成好戲看，後來這樣的戲碼一天可以看上好幾回。

慶台記得自己小學時期經常受到老師處罰，要不是因為在課堂上講話或睡覺，遭到老師以教鞭突襲，就是逮到他講族語，要他掛著「請說國語」的木牌，在走廊上大聲朗誦學校的規定。但他始終堅持「不是自己的語言就可以不聽」，所以處罰完之後，「河床追逐」戲碼還是有可能在下一堂課繼續上演。

過了一段時間，老師熟悉了他們的逃亡路線，有一回躲在學校附近一處石坑，等慶台出現時跳出來抓住他，準備施行棍棒教育。突然間，一團不知從哪裡飛來的衛生紙，「刷」的一聲擦過老師的臉頰，把老師嚇呆了；在場同學也全嚇傻了，心想誰吃了這種熊心豹子膽。大家一齊轉頭，只見前方不遠的一棵老榕樹上站著兩名威風凜凜的少年，兩人手上各拿一支竹筒狀的氣槍，將槍口對準老師，一副無所畏懼的氣勢。

當時慶台心想：「天啊！這簡直就像救世主降臨！」

慶台學習打獵的起源，就是從認識這兩個他口中的「救世主」開始。兩名少年一個叫薩多魯，一個叫阿姆斯，都比慶台大五歲，是小朋友界公認的「霸主」，連自許是「班長」的慶台都要唯他們馬首是瞻，原因在於他們帶來這群野童想像不到的新科技，也就是氣槍。

他們兩人的傑作除了竹筒氣槍，還有原木陀螺、小型捉鳥陷阱等，其中最令慶台著迷的是具有小獵人風範的土製彈弓。製作彈弓本身並不困難，首先要找一棵不高的九芎樹，折下一段分叉的樹枝，削平兩個叉腳的末端，底部留下一截較長的手柄，一支Y字形彈弓的弓把便告完成。不過考驗個人本事的，是要取得彈弓擊發時使用的皮筋。一般正常的情況，年紀較大的孩子會前往南澳路上的汽車維修廠，撿拾別人廢棄輪胎的內胎，拿回來切成一段一段，均分給大家製作皮筋。但這種不勞而獲的好事當然不是經常會有，所以便需要一群勇敢志士埋伏在南澳車站邊緣，偷偷割下停靠車輛輪胎後方的擋泥板，那種紅色擋泥板的彈性很強，只要稍微用火烤，便能成為更勝輪胎內裡的強力皮筋。慶台好幾次與友伴冒著被抓的風險，就是為了完成「彈弓獵人」的試煉。

每到秋高氣爽的季節，成群從北方飛來的候鳥會棲息在南澳後山一帶，準備避冬。但當地村民很快就發現，那年入秋後的鳥鳴聲銳減，他們找尋原因，原來是慶台與野童們組成一支「打鳥隊」。從秋風剛吹起的那一刻開始，他們就埋伏在樹林間，只要聽見鳥群飛來的聲息，立即百彈齊發。原本悅耳的鳥鳴霎時變成慘嚎煉獄。

根據約道的記憶，慶台打鳥非常準。他曾看過一隻鳥才剛飛離枝葉，在空中盤旋幾圈，眼看就要飛離視線，慶台在一旁突然拉起彈弓，以極響亮的破空之聲將鳥兒從半空中打下來。這中間相隔不只幾棵樹，而是距離將近五十公尺遠，真可說是「百步穿楊」。慶台很快在野童間獲得「神射手」的稱號。後來彈弓成為他的隨身利器，隨著他的技術精進，目標物從小鳥、動物一直到人類，連在山上砍柴的樵夫都得隨時注意自己的股溝安全。

◈ ◈ ◈

平地能玩的事物都玩膩後，慶台開始嚮往廣闊無邊的山林。那對他來說，還是屬於未成年孩子的禁地，而他始終等待著一個契機，一心想朝著「真正的獵人」邁進。

一天早晨，外公吃完早飯，把正準備溜出門的慶台叫來，要他揹起竹簍，與自己上山去看陷阱。慶台非常高興，因為這是他期待已久的事情。他爽快地揹起竹簍，牽起兩隻獵犬，便與外公往山林前進。

他們沿著河床走，穿越幾條橫貫小溪，走過碧候溫泉，面朝南澳鄉源頭山的廣大祕境走去。慶台對沿途翠綠的林木始終提不起興趣，他的注意力總停留在腳旁出現的動物腳印，有的如拳頭大小，形狀很像人類的腳掌，那是獼猴走過所留下的足跡；有的狀似蹄形，長達十五公分左右，他猜想那可能是水鹿或大型山羊的腳印。重要的是，這些都不是平常在平地所能見到的物種。他難掩興奮心情，伸手往懷裡摸去，他的衣縫裡藏有一塊突起的物體，形狀呈Y字形，那是他出門前用布裹起藏在懷裡的土製彈弓。他決定要趁外公不注意時闖進這片宛如夢境般的廣大山域，大肆進擊。

走到山腰一塊空地，外公將兩隻獵犬繫在一棵大樹上。他要慶台坐在一旁的石窟裡，自己拿了幾種工具，便往陡峭的山林前進。慶台見外公逐漸遠離，從懷裡掏出彈弓，拉緊皮筋，想說先朝四周試著瞄準看看。他瞄準的地方居然像是有所回應，發出許多奇怪聲響，慶台心想，這表示已有動物注意到他，於是他邁開步伐，欲往前面森林一探究竟。此時，原本在一旁躺著的兩隻獵犬見慶台想遠離，便扯開嗓子對著他要去的方向猛吠起來。樹林裡的聲響聽見狗吠聲而受到驚嚇，宛如流水般紛紛竄往更遠地方。四周頓時安靜下來。

慶台猛然回過頭，狠狠瞪著那兩隻獵犬，他終於明白外公將牠們留下來的原因。於是他以石窟為起點，在空地附近前後跳竄，但無論跑向哪裡，狗的聲音都像一張隱形的網，讓他不敢貿然前進。慶台擔心外公若聽見狗叫聲，必然會折返回來罵他，無奈只好走進石窟裡，一屁股坐在滿地青苔上，想等外公回來，再央求外公帶自己去冒險。四周微風吹拂，青苔發出一陣陣涼氣，慶台漸漸闔上眼睛。

不知道過了多久，慶台醒過來，只見原本翠綠的山林陷入一片漆黑。太陽已西盡，外公卻還沒有回來。他急忙坐起身子，朝獵犬所在的地方望去，兩隻狗有半身隱沒在黑暗裡，似乎正倚靠著大樹，睡得沒半點聲息。陰冷的涼風從四周吹進洞窟內，將慶台吹得汗毛直豎。他突然想起以前聽老人家說過關於「獨自夜晚上山的獵人，會被魯度夫纏身」的傳說。他趕緊將身體往石窟更裡面縮去，貼著石壁，直到整個人快喘不過氣。

突然間，一陣沉重的步伐聲從黑暗深處響起，走動的聲響配合慶台的心跳速度；隨著聲音慢慢靠近，慶台的心也跳得愈來愈快，幾乎難以呼吸。他用雙手掩住眼睛，把拇指塞進耳朵，決定無論接下來會聽見什麼聲音，他絕不理會、也不答應，誓死與鬼靈周旋到底。

只聽那腳步聲走到洞口附近，漸無聲息，接下來是一陣極度的安靜，彷彿整個世界都快憋到窒息。慶台早已嚇得汗流浹背，腳下的青苔也變得異常黏膩、溼滑。他努力不讓自己的腳滑向洞口附近，深怕被鬼靈一把抓住，心裡祈求外公快點回來救他，雖然在這同時，從他嘴裡講出來的是他從來不願理解的「上帝」。

過去在教會的主日學課程裡，慶台總是還沒等老師進來，就自行宣布提前下課，所以教會的任何歌曲，他沒有一句記得。但此刻從他嘴裡唱出來的，是雅朋在家裡床前經常朗誦給他聽的聖經詩篇，那對他而言像是催眠曲，卻能夠安定他的心。於是他隨著內心的感覺，將腦裡記得的一字一句誠敬地唸了出來。

他朗誦詩篇的同時，一道火光從洞口亮起，他覺得面頰一熱，緊張地睜開眼睛。原來是外公舉著火把蹲在洞前，似笑非笑看著他，那眼神像是說：「原來你也有害怕的事情啊！」

慶台整個人轟的一聲癱倒在地，他已耗盡心力抵抗看不見的魔鬼侵襲。緊接著襲上腦的，是一股濃得化不開的倦意……

他再次睜開眼睛，是被一股濃郁香味喚醒。只見外公拿著一隻飛鼠，放在火堆上徐徐旋轉，烤得香氣四溢。慶台感到好奇，朝火堆走近，看見焦黑的飛鼠，便朝牠的生殖器摸去，嘴裡還發出咯咯笑聲。外公一巴掌打去，慶台被打得頭暈，不明所以，看著外公舉起飛鼠，撫摸著牠的身體，正色說：「打獵不是一件好玩的事，撫摸生殖器是禁忌。想成為獵人，要先懂得尊重大自然，才能在祖先的智慧裡生存下去。即使是一隻飛鼠，也是生命，是祖靈賜給我們活命的禮物。我們要尊敬牠、感謝牠，吃牠的時候，心裡也要懷抱這種想法，因為有一天，我們也會變成土，變成牠們的食物。這就是大自然最奧妙的地方，像流水一樣生生不息，無論時間怎麼改變，這道理都是不變的，知道嗎？」

慶台撫著臉頰，臉上露出難以理解的神情。一會兒之後，他循著火光，往深不見頂的樹梢看去，只見一道純白月光正欲穿透樹林，俯視著這個環境。眼前的所有物體受到月光照耀，全都變得皎潔無瑕，找不到半點造作痕跡。整個世界像在霎時間融為一體，沒有樹林，沒有微風，也沒有獵人與獵物，只有像外公所說的，像一條無形的河流，生生不息。

這是慶台第一次，感受到自己與大自然之間是怎樣的一種依存關係。往後他的人生除了神的信仰，這種關係也成為一路支持著他的最重要力量。

◇　◇　◇

幾天後，在學校的棒球場上，慶台手握球棒，用力一轟！飛球乘著涼風，直上天際，慶台看著球飛的去向，嘴角泛著微笑。

青澀時光結束，時代巨輪繼續轉動。

◇◇ 慶台父親過世後，母親帶著孩子回到碧候，後排左邊為慶台家新蓋的和式房屋，右邊為慶台外公的住所。

◇◇ 慶台母親雅朋（左一）承接丈夫的志業，跟隨日籍宣教師（右一）到偏遠地區傳福音。

◇◇ 慶台的姊姊明禮。在慶台心裡，姊姊是第二個母親。

◇◇
慶台是碧候有名的孩子王，帶著野童軍到處橫行。即便在幫外婆工作，他也隨時一副要捉弄長輩的樣子。

第五章

榮耀與屈辱

【慶台的話】

國小五、六年級能夠有機會到羅東讀書，對我們來說是滿好的，但我的成績不是很好，沒有辦法學習課堂上的東西。不過我有一方面的技能很好，就是運動很強，所以我到羅東讀書的時候，老師就對我說，來學習一些運動吧，於是我學了棒球。

學習的過程很順利，也擔任主要的球員。那時候我當投手，成就感很大，為學校爭取到很好的名次，甚至畢業前參加宜蘭縣比賽也拿到很好的成績。因為有這麼突出的成績，老師希望我繼續走棒球這條路，我就進入了羅東國中，沒想到那個學校族群歧視的問題很嚴重，我國一剛進去就開始被歧視，經常遭霸凌、羞辱。那時候覺得，我才這麼小就要受到這樣的待遇，實在很痛苦。為了自己的將來，想說能轉學就轉學，所以一年級上學期就轉學回鄉下去了。不能繼續走棒球的路實在很可惜。

慶台第一次與部落之外的世界接觸，不是直接的，而是間接透過兩項劃時代發明：一項是一九六〇年代從國外引進、台灣繼而開始大量生產製造的電視機；另一項則是以大型屏幕放映的電影。

大約是慶台八歲時，每逢星期一、三、五晚上，碧候村外的田埂上就會竄起十幾條火舌巨蟒，由一群群碧候村民手持火把組成。外公把慶台與約道背負在肩上，跟著其他手持火把的村民，有如執行野戰任務般蜿蜒走在田埂上，朝南澳大街前進。南澳街上有一間著名的包子店，這幾天一到晚上七點便提早打烊，老闆打烊時卻未緊關門窗，而是敞開大門，將一台方形物體推到大馬路上。外頭早已如新年般百人空巷，來自四面八方的鄉民們手執板凳，擠坐在馬路上，爭相搶看那台會發光的方形電視機，準備收看他們最喜歡的節目：日本摔角。

慶台也是摔角迷。在那段期間，他與馬場、豬木、力道山等日本摔角選手等於結下了跨越千里的師徒情誼。每場比賽結束後隔天，「碧候摔角聯盟循環賽」就會於河畔擂台準時開打，而慶台為了報答那群越洋師父們，最好的方法就是將別村的參賽選手摔個四腳朝天！

同樣在那段期間，全南澳鄉最煩惱的男人大概要屬南澳戲院的售票員了，原因在於他每天賣出去的電影票，永遠只有影廳內實際觀影人數的二分之一到三分之一。在南澳戲院觀賞電影的條件是：成年人必須購票，小孩不需要，前提是要由成年人帶領入場。

電影開演前，慶台與野童們常會躲在戲院門口的圍牆邊，只要看到落單購票的成年人，就會輪流走向前，玩起「認長輩」的遊戲。如果真的找不到大人願意帶他們進去，戲院廁所裡的排糞口也是潛入的方法之一，但這可苦了全場觀眾，因為那一定是「香」氣四溢。於是售票員只要看哪個小孩身上有大便，就知道要把誰抓起來打一頓！

嚴格說起來，慶台不算是電影迷，但電影裡充滿想像力的情節曾令他這個小獵人悠然神往。他曾幻想自己是大和民族的武士，或是林青霞、秦祥林之類的愛情男女，雖然一切對他來說是那樣遙不可及。不過，就像十年後他第一次在月台上看見火車一樣，他相信電影也是一把通往未來的鑰匙，而且未來所遭遇的一切都會如同他在森林裡所看見的月光一樣，純潔、和平、不帶矯情造作的痕跡，能夠讓他盡情徜徉，放心優游。

直到有一天，一名乘坐客運而來的年輕人找上他，才使他睜開眼睛觀看真實的世界，從此改變他的心性，也改變他的命運。

◇ ◇ ◇

這天，慶台班上來了一名新的級任導師，取代了與他纏鬥三年的外省籍「老頭子」。新老師名叫張樹根，是碧候村最早前往城市發展的第二代，原先在宜蘭縣一所國小任教，直到一九六九年金龍少棒隊在美國威廉波特拿下世界少棒冠軍，他大受鼓舞，決定辭去教職，追求他的棒球夢。他聽說南澳的學生深具棒球潛力，於是回到南澳便申請到碧候國小任教，而且馬上成立少棒隊。張老師也積極遊說鄉內其他六所小學，在當時的南澳鄉掀起一股棒球旋風，大家都為之熱血沸騰。而他任教的第一個班級，就是慶台的四年甲班。

慶台第一次接觸棒球，強勁的揮棒能力受到老師的注意。他曾將一顆球打得飛過操場，掉進操場後方一條小溪，讓全場大為震驚。不過老師並未因此安排他學習打擊技巧，也沒有讓他學習有興趣的投球，而是派他到本壘，擔任慶台口中所說的「接球員」，也就是捕手。

一般的正規球隊裡，捕手除了與投手間的配球，也像是場上的指揮官，有時還會指揮防守補位，左右防守端的關鍵勝局。在草創的碧候球隊裡，老師著重於基本動作練習與團隊默契，要勇敢，也要練「心」；老師沒有設計複雜的配球戰術，投手的球路也很單一，不是直球，就是人人閃躲的暴投，因此要擔任捕手的條件很簡單：不怕球，耐打！

這些條件，慶台剛好都符合。

慶台十分認真練習，除了參加球隊訓練，還在河邊闢了一座練習場，以石頭與肉掌代替球具，要求已經上小學的弟弟約道及表弟陪他練習傳接球。

一次與鄰村武塔國小的友誼賽，母親雅朋那陣子剛好返鄉，聽說慶台要比賽，就與姊姊明禮一起到場邊為他加油。正在場中央專心防守的慶台聽聞母親到場，興奮地從捕手手套後面探出頭，想與母親打招呼，卻沒發現投手剛好把球投出，打者又蠻力揮棒，打到球的上緣，使球向下彈進本壘，慶台要閃躲已來不及，整個人被球打倒在地，幾顆牙齒和著鮮血落了一地。母親初次來看自己的球賽，竟遭逢此種奇恥大辱，慶台氣得在賽後向老師反應：「我以後再也不要當接球員了！」

老師似乎理解他的心情，就讓他轉而守備三壘，負責鎮守跑者進本壘前的最後防線；同時，老師也開始教他投球的基本訓練，只是短期內還沒有機會上場。對於這些訓練，慶台甘之如飴，就像打彈弓一樣，他對於可以用盡力氣的事情非常感興趣，認為棒球是一種激發體能、專注於潛在能力的遊戲，當然好玩也是原因之一。然而，陪慶台練球的兩名「捕手教練」可不這麼想，從那天起，河岸練習場上攻守互易，只見上方石影紛飛，不時夾帶著約道與表弟尖聲逃竄的身影。

慶台看投手每次投球都很帥，所以投手是他最想練的位置。事實上，慶台頗具投手天賦，雖然從未看過任何正規比賽，但是練習投球的過程中，他發現藉由球的不同握法，球的飛行方式也會改變。於是他花費心思鑽研，自己發明一種獨特的投球方式，他稱之為「魔投法」。魔投法是利用四根手指的旋握或扣握，使球飛進打擊區時會自然產生突然左旋、右旋或下墜的效果，有點像滑球或曲球，只是沒那麼專業，但用來對付小學生打者已是綽綽有餘。他花了幾個月的時間努力練習，隨著表弟與約道身上的傷痕愈來愈多、驚叫聲四起，他也逐漸掌握到一些要領，就等上場實戰發揮的時機。

慶台準備升上六年級的那一年，幾名加拿大籍傳教士在羅東開設了名為「山地原住民學生服務中心」（簡稱學服中心）的機構，用意是希望原住民孩童能有機會到較大都市求學。於是，雅朋安排慶台及約道轉學到羅東公正國小，並住在學服中心，期盼他們能接受更完整的教育。慶台起初非常不願意，一方面是因為他是年尾的十月出生，轉學到公正國小必須重讀五年級，另一方面他不願意離開碧候這麼好玩的環境，也不想離開家，更不願意放棄他想要好好發揮的棒球，但是看著母親的背影，他又心軟了，覺得這也是媽媽的一片好意。於是他默默收拾東西，牽著約道的手，兩人一齊搭上離鄉的客運。

沒想到的是，在羅東的公正國小，慶台遇見在他棒球生涯最重要的老師，黃清動先生。

◇ ◇ ◇

黃清動生於羅東，長於日治時期，年輕時有一天從學校返家途中，遭遇美軍戰機空襲，在心中留下難以抹滅的陰影。在那段苦日子裡，他靠著樂觀的天性磨練出毅力和強健的自信心，這也反映在他的教學模式上。即使今天看來，黃老師的教學經歷也是有趣的傳奇故事。無論教什麼，他總是事必躬親，即使完全沒學過，也會透過身旁有經驗的朋友，自己先努力學習基本動作，再以非常認真的態度教給學生，投入全部的心力。棒球盛行之前，台灣有一段時期流行柔道，於是黃老師跑去找學過柔道的朋友學習，然後再教小朋友；中華少棒奪得世界冠軍後，棒球風行起來，黃老師也開始訪街問巷、請求朋友介紹，努力尋找會打棒球的人拜師學藝，其中不乏像是修車師傅、撞球店店員、飯館小弟這類想像不到卻會打棒球的奇葩，造就出公正國小的棒球強隊傳奇。

轉學後的開學第一天，下課時間，黃老師走到慶台面前笑說：「你，會打棒球嗎？」

慶台不敢相信，他本以為離開碧候國小就再也沒機會打棒球，後來才知道，原來公正國小是宜蘭地區首屈一指的棒球名校。

慶台聽了很高興，興奮地旋舞雙臂，擺出「魔投手」架式，展現自己特別訓練過的成果。當天下午，黃老師就安排慶台加入學校球隊練習，與捕手配合練習幾顆球後，黃老師認為慶台具有投手的資質，只是缺乏專業訓練，於是開始指導慶台練習控球和其他技巧，以及與戰術有關的投手專業知識。

在黃老師的記憶中，慶台是一個非常認真的投手。或許是離鄉背景的關係，慶台轉到公正國小後，漸漸收拾起調皮的個性，將全副精神都投注在球場上，球隊練習時間結束後，慶台常常主動要求延長半小時做自主訓練，讓黃老師留下深刻印象。黃老師在慶台的棒球生涯中扮演極重要角色，在他的訓練下，慶台短短一年就成為公正國小棒球隊的當家投手。

在當時的宜蘭地區，公正國小是頗具實力的體育名校，與中正、黎明、蘇澳三所國小並列為「四強鼎立」，曾拿過宜蘭縣最大規模少棒賽「青松盃」殿軍。

慶台轉學的那一年，公正國小再度參賽，前進一個名次，奪下季軍。慶台初登投手板，就靠著訓練後的變化球大殺四方，創下單場十五次三振的驚人紀錄，使得「魔投手」的名號很快就在各校間傳開來，選手間都盛傳公正國小有個很厲害的投手，犀利、有韌性，還有著野獸般的爆發力。

半年後，各校與公正國小賽前叫陣時，開始流行一種求勝口號：「只要你們敢不派林慶台，我們就絕對會贏！」但這反而更加深老師對於慶台的愛用與信心，他的魔投法也日益精進，控球更加刁鑽。昔日在球場上被打掉兩顆牙齒的小男生在黃老師的鍛鍊下，已是各球隊害怕的主將。接著，慶台於六年級上學期入選宜蘭少棒明星隊，遠赴台北參加全國北區少棒邀請賽，比賽地點在台北市立棒球場。

這個令人振奮的消息隨著約道返家而傳回碧候村。村民都不敢相信，當年那個只會搞破壞的小鬼，竟然在體育方面獲得如此好的成績。但慶台的外公並不意外，他說：「能把飛鳥打成烏龜的小兔崽子，棒球會打不好嗎？」

只可惜慶台沒能親耳聽見這句話，不然他一定會笑倒在地上，感動流淚。

大哥志陽對於這消息也很興奮，他直言：「我弟弟，哪有做不來的事？」志陽退伍後開始工作，曾協助創辦羅東「山地原住民學生服務中心」。後來進入關渡基督書院就讀，畢業後於教會和社會上工作時，曾與當時省政府民政廳在台北的「山地就業輔導中心」合作，協助原住民在台北找工作。他特別向任職單位請假，前往看慶台比賽，沒想到結果出人意表。

偌大的球場、滿場的觀眾不但沒讓慶台發揮自信和鬥志，反而帶來巨大的恐懼與壓力，投手丘好像變得超級巨大，慶台一路上去就軟腳。他很快就忘記剛才一路上看見繁華市景的驚奇，忘記哥哥要來看他打球的興奮之情，一時找不到投球的準星，引以為傲的魔球一直讓對手打擊出去，主投兩局就被敲下四分，聯隊教練把他提前換下場；調換的防守位置也不是派他去守擅長的三壘，而是中外野，結果頻頻掉球，只能眼睜睜看著對手像是走在自家後院，輕鬆滿場得分。慶台只祈求比賽能早點結束，好揮別那令人窒息的氣氛。他們一共出賽三場，雖然慶台在最後一場出戰新竹隊的比賽終於克服壓力，打出全隊唯一一支全壘打，但還是無法挽救兵敗如山倒的局面。賽後志陽見到慶台，面帶慍色對他說：「我對你很失望！」

志陽在慶台心中長兄如父，聽到這番話，他當場愣住，久久說不出話，過了好久才撿起手套，默默走回練習區。

自從那次比賽之後，慶台收起當初在宜蘭竄紅時的傲氣，不再只是追求個人表現，轉而以團隊為重，開始加倍訓練自己。

終於在國小畢業前夕，慶台帶領公正國小拿下了青松盃冠軍，他個人還囊括投手獎、打擊獎、勝投王等多個獎項，表現全能。領獎時，他仰望天空，覺得此刻心情就像飛出籠的小鳥般，前程似錦，如同第一次揮棒的感覺。黃老師興奮恭喜他，希望慶台能朝著棒球這條路繼續發展，於是寫了一封推薦函，推薦慶台進入當時宜蘭首屈一指的名校，羅東國中。

未來似乎無可限量，慶台即將繼續振翅高飛，然而在前進的路途上，一道看不見的陰影已然籠罩著他。在榮耀的背後，一個深刻的屈辱即將襲向這年僅十二歲的少年，從此改變他的未來。

◇ ◇ ◇

羅東國中是以體育掛帥的名校，但同樣重視學生的課業成績；即使是擁有體育專長的學生，課業也要達到一定水準，不然可能申請不上想讀的高中。因此，國小成績始終低盪在倒數一、二名的慶台，進入國中後，首先要克服的就是他那鴉鴉烏的成績。

一天下課後，慶台放下課本，一個人漫步在操場上。青春期所起的變化讓他變得格外少話，偌大的校園還沒交上半個能說話的朋友。他走到操場旁邊的排球場，看著女同學打球，青春洋溢，好像可以撫慰他寂寞的心。他露出難得的微笑。

突然間，一陣吵雜的聲音打斷慶台的注意力。他轉頭往校舍看去，見到一群行狀囂張的小流氓走下樓梯，令人看了會恐懼的眼神是他們的識別標記，他們是學校最可怕的一群，人稱「三一三」（三年十三班）。慶台曾聽同學說過他們，知道學校有一群彷彿能隻手遮天的三年級學長，連老師都很畏懼他們。他轉開注意力，盡量不投以可能惹來麻煩的目光。「三一三」在操場上走了一圈後來到排球場，像餓虎撲羊般搶過女學生手上的排球，將球高高踢起，等到女學生全部衝向球的落點那刻，另外一名成員再搶過球，又高高踢起，女學生就像找不著花蜜的蝴蝶般在球場上倉皇飛奔。但有一球踢得失去準度，球落地後滾了一段距離，滾到慶台腳邊。慶台把球撿起，耳畔馬上響起不同的呼叫聲。

「同學，可以把球給我們嗎？謝謝你。」女學生們說。

「小子！把球傳過來這邊，你眼睛瞎了嗎？」學長們說。

慶台早在場邊看得分明，他以前雖然頑皮，但從來不欺負女生，於是他想也不想就往女學生那裡傳去。在此同時，他覺得肚子彷彿遭到鐵鎚重敲一擊，整個人向後直飛出去，落地前又再被鏟起，這次像是背部遭到挖土機朝空中鏟去。他很害怕，想要伸出手抵住地面，但是不行，一群人把他圍在中央，開始拳打腳踢，慶台只能出於反射伸手護住頭臉。這時，除了聽見骨頭遭到重擊的聲音，還聽見一個陌生的名詞：蕃仔。

「死蕃仔！你以為這是你家嗎？搞不清楚狀況！」

慶台完全無法反擊。他好幾次想站起來，卻又被踏倒在地，直至上課鐘響，那群人才在一陣大呼小叫後離去，留下慶台全身是傷，恍神坐在地上，久久無法言語。

他記得姊姊明禮曾對他說：「如果在外地有人叫你蕃仔，一定要狠狠反擊！」在小學時期，學校裡也有一些閩南人、客家人同學，不過或許因為他表現優異，同學間沒有隔閡，都很喜歡他，所以從未聽過有人叫他「蕃仔」。到了國中就不一樣，或許青春期讓許多人的性格起了變化，加上羅東國中的原住民學生人數比他念的小學少得多，這裡一個班級頂多只有兩、三名原住民，慶台剛好是他班上唯一的一名。同學之間表面上相處得還可以，但他總覺得不對勁，好像有人在他背後比手畫腳，他卻不敢問起。

當天晚上，慶台放學後又被「三一三」找上，同樣一陣拳打腳踢後，他走進草叢裡，撿起遭人打壞的書包，一個人默默走回學服中心。他躺在床上，耳邊盡是小朋友們一邊看電視、一邊模仿刀光劍影的聲音；森林裡的皎潔月光不見了，眼前只剩下滿滿的黑暗、虛無及疼痛。約道走進房間，看見慶台躺在床上不發一語，就默默走出去，關上門，外面繼續傳來比拚刀劍的互喊聲。

當時慶台最喜歡的節目，是布袋戲名家黃俊雄領銜演出的電視布袋戲《雲州大儒俠》；

慶台總是搶著扮演史艷文，與學服中心一群可憐的藏鏡人大拚拳腳，結果當然很單一，邪不勝正。但從今天之後，他好像成了找不到「天書」的史艷文，被一群難以理解的邪惡勢力踩在腳底，欲振乏力。每當他想要站起來，就覺得背後好像貼了一塊布，上面寫著「住在森林裡的大俠」，底下還有一個大大的、無止盡的問號。

有時候當正義處於弱勢時，看起來才像是邪惡。

慶台的內心一團混亂，他拉高棉被蓋住頭，決定擦乾眼淚，不再去想。

隔天下課的時候，「三一三」又把慶台叫到走廊上，他們圍成一圈，朝他猛甩巴掌。慶台走出教室前就告訴自己，這次一定要反擊，但他最難過的並不是紅通腫脹的臉頰與身上的傷痕，而是大庭廣眾下居然沒人願意幫助他，走廊上學生熙來攘往，不時投以可憐、取笑、同情的眼神。老師也坐在教室裡視若無睹，彷彿不管發生什麼事情，都與他毫無關係。

慶台再難忍受，當天晚上就到學服中心辦公室裡偷了幾十塊錢，隔天一早搭上最早一班往南澳的客運。原本在故鄉等著他的應該是英雄式的歡呼聲，雅朋與親戚都等不及想看他又再精進的球技；但慶台一見到母親，忍不住放聲大哭，嚇壞了所有人。

隔天一大早，慶台的舅舅亞威．彼厚拖著慶台回學校，請校方給個合理的解釋。羅東國中校長很有誠意，當著慶台的面將「三一三」那群人狠狠訓斥一頓，但慶台躲在舅舅背後，看見學長們充滿報復心的凶狠眼神，就知道從那天起，這所學校再也容不下他。於是舅舅臨走前，他跑上去抓住舅舅，大聲叫著：「讓我回去！不然，你可能再也看不到我了！」

舅舅聽了非常驚訝，他想不到一個年僅十二歲的男孩居然會說出這種話。經過一番考慮並取得雅朋同意後，舅舅便幫慶台辦理轉學，離開羅東。慶台再度坐上返鄉的客運，眼眶泛淚；他想到自己可能得從此告別棒球了，只覺得耳邊熟悉的歡呼聲似乎漸漸變小變遠、漸漸模糊，終於隨著城市的影像完全消失……

◈◈◈

兩年後，慶台站在南澳國中的走廊陽台上，低頭看著操場，彷彿還能看到自己的幾個鞋印，那是他曾創下南澳鄉運動會紀錄的地方。國二那年，慶台靠著打棒球時期鍛鍊出來的體能，在田徑場上另起爐灶，各項運動樣樣精通，包含鐵餅、標槍、鉛球、跳遠、跳高、長跑，創下驚人的鄉運紀錄，人們預言十年內無人能超越，獲喻為「六項鐵人」；此外，他參加宜蘭縣中學聯合運動會，在跳高競賽項目獲得前三名，跳遠和三級跳的成績也很出色，人稱「飛天俠」。他逐漸走出昔日的陰霾，也漸漸恢復自信，但是心中的莫名陰影依然纏繞著他，揮之不去。他緊握著欄杆，想壓住心頭浮動的怒氣。

這時，一個人走過來拍拍他肩膀，笑說：「不用忍耐，等會兒就是你我反擊的時機！」

慶台轉頭看那人，對方一臉眉清目秀，兩眼閃耀著自信光芒，就像兩年前站在投手丘上的自己。他綽號「小白」，是南澳國中樂隊成員之一。慶台在國二那年也加入學校樂隊，主吹小喇叭，燃起日後他對音樂的熱忱與興趣，也與「小白」結為最要好的朋友。樂隊成員多半是些不愛念書、胡亂搗蛋的少年，學校常派他們幫忙種田。但他們很重義氣，只要班上有同學受到欺負，他們一定會替同學討回公道，這點深深打動慶台的心。

兩人相視一笑，一起往校門口看去。只見外頭站了二、三十人，有人手持棍棒，有人腳上刺青，他們是蘇澳鎮上人們聞之喪膽的小流氓，人稱「台灣黨」（原住民對平地漢人的稱呼）；那副模樣看在慶台眼裡，不禁令他想到「三一三」。

慶台國三時，班上轉來一個從羅東來的男生，一來就很囂張，自稱是老大，「台灣黨」便是與他一起鬼混的小流氓，但慶台所屬的樂隊也不是好惹的，根本不理他。前一天學校舉辦園遊會，那個囂張男生與樂隊一名成員一言不合大打出手，小白見狀，跑去狠狠教訓那個囂張男生一頓。結果這天校門口站滿了人，被打的男同學找來夥伴，站在前排大聲叫喊。「台灣黨」在校門口站了一陣，隨即走進校園，在操場上見人就打，原本青春洋溢的校園頓時變成一團混亂。為首的那個囂張男生走到校舍前，指著慶台與小白大喊：「樂隊的死蕃仔全都給我下來！林北今天要把你們打個稀巴爛！」

他講話時，嘴角抖著傷痕，那正是樂隊為他留下的印記。慶台與小白握緊拳頭，恨不得立刻去揍他，無奈對方人數太多，即使加上其餘樂隊成員也不超過二十人，根本難以對抗。

正自煩惱間，一名班導師走出辦公室，看見學校操場上哀鴻遍野，氣得指著慶台就罵：「你們在搞什麼東西！這是他們應該囂張的地方嗎？還不快點把他們轟出去！」

慶台難以置信，想不到老師居然會叫自己反擊。他走下樓梯時，隔壁班級一群成績好的學生已經衝了出去，與「台灣黨」展開激烈混戰。慶台望著小白衝向前的背影，不禁溼了眼眶，覺得自己再也不必孤單一人面對心中的黑影了。他跑向前，打倒第一個人時，他知道這不僅是自己頭一次正視心中的巨大陰影，也等於站穩原住民身分，找回自己尊嚴的一場「光榮戰役」。

◇◇ 慶台全家福，由左至右為慶台的大嫂含笑、大哥志陽及其女兒妮恩、慶台、母親雅朋、弟弟約道。

◇◇ 弟弟約道是慶台練習投球的好對象。

即使無法打棒球，慶台在運動方面依然表現亮眼，圖為他在碧候村運動會獲得村內前三名之頒獎。

慶台中學畢業後照片

第六章 暴風雨

【慶台的話】

我剛要進入社會時，那個時代的氣氛就是要拚命，要多學習一些東西，尤其是沒有讀書的孩子們，必須學到一些技能。但不幸的是，我想學技術，卻被人家修理、被人家欺負，對我來講，這些事情很不公平，可是也不知道該怎麼面對和解決，只好一被欺負就離開，工作一直換一直換，最後沒辦法只能回到家裡，但回家鄉真的沒什麼工作可做。當時我只是個十五、六歲的孩子，面對社會的種種問題，實在沒辦法靠自己的力量解決。

當時很想不開，覺得社會上的一切對我們如此不公平，很多想法都非常負面，心裡有很多無奈，導致我們很多人的生活都走偏了。但也沒有什麼方法能讓我們回到比較正面的狀態，一路走來都活在負面情緒裡，造成酗酒等等各種不好的生活方式。

會去考神學院就是因為酗酒過量，身體搞壞了。姊姊不斷鼓勵我、叮嚀我，甚至正式地跟我談，就是因為那樣，終於讓我覺得姊姊是真的關心我，她叫我不要再喝酒，一定要改變，還叫我去讀神學院。我心想怎麼可能有機會去讀神學院，但姊姊篤定地說，你一定會進去，你會改變，而且會畢業。

我從來沒有這樣想過，但是當時第一次認為，說不定真的有改變的機會。

一九七五年四月五日，總統蔣中正辭世，享年八十八歲，等於是一個時代的結束。那天風雨交加，慶台看著黑白電視螢幕，那段期間，台北街頭有成千上萬民眾齊聲哀悼，但他的表情一片木然，好像社會上的一切與他毫不相關。

隨後的一年，鄧麗君的歌曲紅遍大街小巷，整個台灣彷彿又生機無限。十大建設漸上軌道，它像匹穿過險曲狹境的綠馬，躍動時濺出的汗水滋養了萬千家庭，使台灣暫時感受不到國際間石油危機造成的重大衝擊。

但慶台還是愁眉不展，時時躺在床上無所事事。他思考著一個難以抉擇的問題。

「哥問你要不要到台北工作？他說可以幫你介紹。你也該找工作了吧。」姊姊明禮從門外走進來，她剛與志陽通過電話。

「我……考慮一下。」慶台起身坐起。這正是他思考的難題。

國中畢業後，慶台最希望的是留在鄉里間務農，不時還可以上山打打野味賣給山產店，過點簡樸愜意的生活。但從他五歲那年，第一次拿了一角銅板到雜貨店買了第一顆彩球糖後，他早就知道，這世界的價值觀與運作方式已經與他以往所認知的大大不同。

「小朋友，一角銅板只能買一顆糖喔！不可以拿兩顆。」

「喔……那我家還有一些玉蜀黍，可以拿來換糖嗎？」

「嗯……可以是可以，只是阿姨跟你說，以後長大要好好讀書、賺很多錢喔。因為總有一天，所有東西都要用銅板來換，知道嗎？」

「嗯，知道了。」

慶台搔搔腦袋，讓彩球糖塞住滿口的疑問。

以前老一輩的原住民即使沒有實際金錢收入，還是可以用打來的獸皮與自種的農產品，向雜貨店換取等值的柴米油鹽及日用品，基本生活無虞。但隨著外面世界蓬勃發展，象徵「現代化」的商品一點一滴流進部落世界，人們開始嚮往更寬裕的生活，或者更接近外面世界的生活水準。不是說獵物或農產品不能賣錢了，其實在「野生動物保育法」頒布以前，還是有許多部落年輕人靠著販售獸皮與鹿茸賺了不少錢；然而等到家裡有了第一部電視機後就會明白，想要在「現代世界」站穩腳步，人就不可能逆著浪潮而行。即使短時間看不出來，到了下一代或下下一代，也會看懂這個道理。

這是一件從來無法說得太明白、卻又不能全盤否認的事實。

「至少為了家人吧……」

聽姊姊這麼說，慶台走到屋外，坐在一顆青綠色石頭上，拿著一把吉他兀自輕輕彈唱。

附近又傳來經常聽見的吵架聲。

「跟你說外面比較有機會，去學個一技之長啊！」

「學什麼一技之長，難道我進了社會還能打飛鼠嗎？我的長才在外面有用嗎？」

有用嗎？有用嗎……問題的回音，不絕於耳。

◈ ◈ ◈

兩天後，慶台帶著一小包行李，坐上直達台北的客運。經過羅東時，他刻意伸頭張望公正國小附近的街景，那是他曾經備極榮耀的地方。

「你會打棒球嗎？」黃老師的話語就像是昨天才說的一樣，迴盪在慶台耳邊。「三一三」事件後，慶台可說是完全告別棒球了，但他一直沒有真正面對這件事，直到有一次感冒去看醫生，醫生好意提醒，他的手臂沒辦法大力伸直和彎曲，那時他才知道，可能因為太早開始投變化球，手臂關節已經出了問題，棒球對他來說是不可能了。後來他又在南澳鄉運動會取得好成績，獲封為「鐵人」，但若沒有更專業的訓練，他的田徑成績也很難與真正一流的好手競爭。只不過，家裡沒有能力提供他繼續朝體育方面發展，需要他幫忙養家。

「別想那麼多了……」

慶台閉上眼睛。隨著車子開上北宜公路，台北的形貌逐漸從眼前靠近。

他在後台北火車站下車，拿著寫有志陽住址的紙條，開始挨家挨戶尋找。台北後火車站的繁華街景，實在不是故鄉所能比擬。街道四通八達，各式南北雜貨與騎樓店家目不暇給，逛得慶台都花了眼。城市的魅力就是這樣，即使前一刻還極度反感、焦慮，但走進凡塵煙景的那一刻，總會希望無論自己來自哪裡，只要肯努力，都能成為城裡的一方豪傑、有成就的一份子。

走了大半天，終於到達哥哥住的永和豫溪街，而慶台一路走來，也對台北的街頭巷尾好好了解一番。

大嫂含笑（族名為撒韻．巴桑）很早就等著他，對他說大哥去工作，很快就回來，請他先休息。

「暫時先跟我住吧！」志陽回家後，特地請太太煮一桌好菜，兄弟倆長談一番，鼓勵弟弟好好打拚。

志陽幫忙介紹的第一份工作，是在住處附近的一間西點麵包店當學徒。報到的第一天，慶台站在店門前，濃郁的麵包香味縈繞在鼻息間。長大後的他對於西點麵包是敬謝不敏的，但在就職那一刻，他心想：「或許這一生當個麵包師傅也不錯。」

店老闆是個性格直爽的中年人，他對慶台的要求很簡單，就是每天準時上班、認真工作，錢，自然不會少給的。

起先慶台非常認真，甚至可以說戰戰兢兢。他仔細觀察師傅的一舉一動，沒事就勤快打掃廁所、整理檯面，等到麵包出爐那一刻，外面已擠滿了等待購買的客人，慶台又跑到外場，一邊大聲招呼客人，一邊從師傅手上接過熱騰騰的麵包，替客人包裝好，再一路送客人到門口。隨著店裡生意興隆，慶台開始在廚房當學徒，協助師傅趕做麵包，才能應付川流不息的客人。然而，問題在此迸了出來。師傅是金門人，操著一口腔調濃重的閩南語，慶台若只是在場外做接應，點頭搖頭就能解決溝通上的問題，但在師傅身旁協助時，語言的隔閡與藩籬立刻顯露無遺。

「喂，幫我拿擀麵棍過來。」

「喔，好……」

慶台在流理台上一陣亂摸。他根本聽不懂閩南語，只能靠著觀察師傅手上的動作，猜他現在缺少什麼東西。盲目抓了一陣之後，他遞了一包麵粉到師傅眼前。

「你幹什麼？我有叫你拿麵粉嗎？你聾了是不是！」

師傅把麵粉甩到一旁，轉身拿擀麵棍，同時將慶台推了一把，頭也不回，繼續做他的麵包，嘴裡還不停咒罵。就算聽不懂，也可以猜想是很難聽的話。

慶台悲怒交集，但他清楚這是自己的問題，於是趕緊站在一旁仔細聽，期盼能學會一兩句，可以讓工作順利進行。但問題若找不到解決的辦法，就會像旋開的水龍頭一樣，嘩啦啦一發不可收拾。很快地，慶台就聽到他最不想聽的名詞。

師傅連聲咒罵，慶台聽不懂半句，但其中「蕃仔」兩個字卻清晰無比，他強忍怒氣，告訴自己要專心。有一次師傅又難忍受，不只是拳打腳踢，更將慶台踹倒在地，直接拿烤麵包用的烤盤砸他頭頂。慶台眼淚還沒流出來，鮮血已染紅了眼睛。

師傅劈里啪啦罵個不停。慶台緊握拳頭，打從心底無法尊敬這位師傅，於是走出廚房，擠開排隊人潮，躲在旁邊一條小巷內放聲痛哭。

隔天他向老闆請辭，老闆問他原因，他嘴硬，沒說出是因為師傅的問題。老闆拿他沒辦法，就給他兩星期工錢。慶台也沒知會志陽，一路走到車站搭車返鄉。志陽急著打電話回家找他，慶台只淡淡地說：「哥，感謝你幫我介紹工作，其他的我會自己想辦法。」

◈ ◈ ◈

他在碧候待了幾個星期，沒事就和表哥上山打獵。他最常對其他人說的一句話是：「我死都不再回去台北！」

但他其實早已明白一件事：這時候已不容許自己任性了。

姊姊明禮在台北工作滿兩年，決定去花蓮就讀玉山神學院。母親雅朋年紀漸大、日益衰老，待在家裡的時間比之前長了，加上弟弟約道開始在台北永和就讀很好的國中，為數不少的學雜費令家人暗暗叫苦，家中經濟根本沒有辦法讓志陽一肩扛起。慶台明白這點，於是他聽從同村朋友的建議，返回台北，在一間機車行學做黑手。

但這次被趕出來得更快，因為他完全聽不懂閩南語，師傅說「扳手」，他胡亂抓了「內褲」（扳手的諧音與南澳泰雅族語的內褲很像），被師傅拿鐵撬狠狠敲在臉上，把他轟出大門。他氣得猛踹車行大門幾下，跑到街上開始四處晃蕩。一股恨意從背脊底部竄上來。

「為什麼我總是碰到這種事情？」他陷入沉重的自問自答，「是我不堅強嗎？不夠努力嗎？還是我太任性？為什麼別人不見得會碰到的事，而我就會？不能打棒球，想練田徑但家裡沒錢，現在連工作也不停毀掉，這世界是想把我趕盡殺絕嗎？」

當時嘗試進入城市發展的原住民第一、二代，經常遇到就業上的問題，他們在部落學習的傳統技能不受尊重，再加上語言不通，因此薪水低，也容易受到歧視。其實從鄉村到都市發展的漢人也會碰到同樣的問題，不過因為沒有語言隔閡，相較之下情況輕微許多。

但這一次，慶台沒有選擇逃回家鄉。他來到士林一間職訓中心，想參加課程學習車床技術。上課時，他認識一名大哥，兩人常在下課後到圓環一帶吃宵夜，才吃過幾次飯，慶台就發覺這大哥絕非普通人物。

「大尾的，又有一群人來找碴……」

經常飯吃到一半，就有一群不認識的年輕人走到那位大哥旁邊交頭接耳。那大哥吩咐幾句，不久幾條街外就會傳來吶喊騷動聲。有一次，慶台才剛拿了幾盤小菜回到桌前，就看見餐桌旁站滿了人，對著大哥發牢騷。

「大尾的，今天一定要動了他們！不然我們的尊嚴和面子往哪擺？」

慶台默不作聲，只見大哥站起身，隨那群人離去。走沒幾步，他想起還坐在桌前的慶台，又走回來拍拍他的肩膀，說：「我現在要去處理一點事情，跟你沒關係，吃完就回去，我回頭來付錢……你若想跟來，我也不阻止你。」

「好……我去！」

慶台不明白自己心裡在想什麼，或許是想見見世面，又或許單純只想發洩。他從大哥手中接過一根鐵條，塞在褲管裡，就跟著那群人來到一塊空地。他站在外圈，看著幾名幹部與大哥圍在圓心，與對方頭頭講話，結果一言不合打了起來。慶台握緊鐵棒，眼看前方闖進圈內的人愈來愈多，他心裡七上八下，隨時準備好要加入戰局，但還沒打到外圈，事情就解決了。雖然沒有參與，慶台的心裡卻有股難以言喻的感覺。

好像很刺激，又能一吐長久以來的怨氣！

慶台開始在課餘時間跟著那大哥手底下的流氓，到處去「解決事情」。他發現在這個圈子裡，最危險的任務通常是由原住民執行，因此碰到同族或不同族群的原住民同胞，他都會特別照顧，漸漸累積起好人緣。

幾天後，他再度參加械鬥，這次他瘋狂甩著大哥給他的扁鑽，與三個人拚死纏鬥。最後他逃進巷子裡，躲在鐵桶旁邊，但這時能否發洩怨氣已不是重點，現在的他，只想活命。

「把扁鑽插進臀部……轉圈……拔出來……逃走。把扁鑽插進臀部……轉圈……拔出來……逃走。把扁鑽插進臀部……」

他口中不斷默唸著大哥教他的扁鑽使用方式，隨時提防敵人闖進巷子。突然眼前白光一閃，他轉過頭，只見巷子另一頭出現一名夥伴，被兩名仇家用刀子前後捅了一刀，倒在血泊中。由於慶台所在的位置比較昏暗，仇家並沒有發現他，急急忙忙就離去了。慶台緩緩走向前，看著那夥伴張大雙眼，口鼻被血水淹沒，已經沒有任何反應。

「他……死了……」慶台心想，簡直不敢相信自己的眼睛。

他非常震驚，他從未看過有人在眼前死去。只見那夥伴的雙眼灰暗無神，彷彿說著：「你是殺人兇手……」

「我不是……我不是殺人兇手……我不是……不是我！」

慶台嚇得趕緊逃離巷子。他把扁鑽丟進一旁的水溝，飛也似地在街道上狂奔。

「如果我繼續參與這些事，」他一邊跑、一邊想著，「總有一天不是我被殺死，就是殺死別人……」

慶台結束了職訓中心的課程，從此，沒再與那大哥聯繫。

之後，慶台輾轉又做了幾份工作，卻還是不斷碰到同樣事情。他在桃園縣龍潭鄉一間養雞場幫人養雞，因為被當地一群小流氓盯上，因此他帶著一起工作的一群年輕人逃亡；接著他轉到鶯歌學做陶瓷，又因為一名原住民女孩被當地的土霸盯上，他們連請辭都來不及，就得連夜逃離。雖然知道自己不是好勇鬥狠的料，但心中對社會的恨意並沒有因為看過死亡而稍減，反而像蠶蛹般層層裹起，終於在十九歲當兵那年，恨意被推到最高峰，完全爆發。

◈ ◈ ◈

「遵行領袖遺志！對抗萬惡共匪……遵行領袖遺志！對抗萬惡共匪……」

慶台的新兵訓練與下部隊都在嘉義水上，擔任飛機維修士兵。每天早晨唸著這樣的「蔣公遺訓」，每每感到啼笑皆非。「所以，我們現在是要幫兒子替他老爸報仇嗎？」這大概是他每天在部隊裡最常聽見的笑話。唯一的安慰是當兵有一點收入，可以寄些錢回家。

與今日相較，當時國軍的紀律固然比較嚴明，但嚴明與黑暗其實只有一線之隔。而最令新兵畏懼的學長學弟制，慶台進部隊的頭一天就明顯感受到。

「喂！新來的，去幫我買隻土雞和一瓶紹興酒！」

慶台睡在上鋪床墊，有人從下方猛力一踹。他起身低下頭，只見睡他下鋪的學長正瞪著他講話。

「看什麼看！是不是要我重講一遍？現在就給我下床去買。」

「……是，學長。」

慶台摸摸鼻子，知道自己是新兵，即便沒有學長學弟制的問題，「敬前尊賢」本來也是部落或母親教的古訓。於是他也沒向學長要錢，自願走到營區附近的雜貨店買，心想：「學長等一下應該會給我錢吧……」

一瓶紹興酒加一隻土雞可不便宜，慶台身上帶的錢剛好夠買一份。他一手拎著土雞，一手拿著紹興酒瓶，走回營區。

「嗯……放在床上就好。以後每天都是一瓶紹興酒加一隻土雞，明白嗎？」

「啊……學長，總共是一百塊錢……」

「你說什麼？你現在是在跟我要錢嗎？」

學長站起身來，一腳掃向慶台的腳踝，把他踹倒在地。

「……學長，我沒有那麼多錢，今天買完就沒錢了。」

「那是我的問題嗎？新兵，我的問題只有每天要看到一瓶酒和一隻雞，沒有的話你就要倒楣了。」

慶台完全不知道該怎麼反駁，這和他所知的倫理常識不一樣。學長身旁還有幾名阿兵哥看似他的小弟，在一旁起鬨叫喊：「新兵就是要這樣！懂不懂規矩啊……新兵？」

「為什麼……我總是碰到這種事情？」慶台在心裡吶喊。

他沒辦法反抗，於是從那天起，每天都得想盡辦法請雜貨店老闆娘讓他賒帳。有時若運氣不好，回來就會挨一頓打，而且學長愈打愈誇張，到後來無論有沒有酒和雞，只要心血來潮就要拳打腳踢。

慶台家住東北部，如今他身無分文，不僅原本想要寄錢回家的美夢破碎了，放假也沒錢搭車回家，因此每到週末，無論是否指派他留守營區，他都會留住在營房裡。他也聽說弟弟約道已經畢業，為了幫助家計，與朋友準備前往北太平洋撈珊瑚。他好擔心約道的安危，一想到自己不能幫助家裡，心裡的怨憤漸深。終於等到有一回，他與學長一起留守在營區。

那天的天空下著毛毛雨……

「學長，我先去買酒和雞。」

「哦？今天這麼勤快。懂了嘛，懂『規矩』就對了，狗會問主人為什麼叫牠狗嗎？」

慶台沒有任何反應。他走到雜貨店，看著帳本上滿滿的賒帳記錄，一臉為難地對老闆說：「老闆，真不好意思，一直賒你的帳，今天是最後一次。」

老闆不明就理，把酒和雞拿給他，慶台頭也不回，拎著酒和雞就走出門。天空雨勢漸大，慶台走到營區牆邊，撿起一塊磚頭藏在衣服裡，由於全身被雨淋溼，起皺的軍服看不清楚磚塊隱藏的痕跡。

「學長，酒和雞買回來了。」

「擺著啊！沒看到我在忙嗎？」

慶台將酒和雞放在學長床邊。他繞到學長後方，看著學長背影，輕聲說：「學長，要不要我幫你搥背？」

「喔，你會吧，那就快點。」

慶台用左手按住學長的左肩膀，彷彿將學長固定住，右手再伸進懷裡拿出那塊磚頭，對準學長的右肩狠狠砸下去！

「啊！死蕃仔，你幹什麼？」

慶台砸完一下，不等學長摔倒，緊抓著學長左肩繼續猛砸。

「我今天要殺了你！」

學長的臉孔痛得扭曲，提腳向後將慶台踢倒在地。他跑出寢室，慶台從後方追上去。

「幹你娘，死蕃仔，你他媽想死了嗎？」

學長回頭將慶台撲倒在地，兩人在雨中奮力扭打，但無論學長怎麼打他，他都不閃不避，只拿著磚頭猛砸學長的肩膀，宛如長久累積的怨憤都要全部發洩在那肩膀上。

巨大的喊聲驚動附近的衛兵，等到慶台被四、五名衛兵架住時，學長的手臂已經血流如注。慶台奮力掙扎，眼神像是完全失控了一樣，最後被衛兵壓倒在地上。傾盆大雨，遮掩了他滿是淚痕的臉龐。

因為這件事情，慶台被判禁閉三週，學長則因被他砸斷手臂，同樣住院三週。學長出院後主動找慶台和解，這件事情才漸漸平息，但籠罩著慶台的陰影仍與他起伏不定的情緒一樣，繼續蠶食他的內心，令他對任何事都憤恨不平。

直到有一天，他在停機棚裡專心修理機械時，一道巨大的火光劃破沉靜的夜空，伴隨而來的是引擎的猛烈聲響。那是一架軍用運輸機，高速從高空墜地，頓時陷入一片火海。慶台從停機棚跑向廣場，只見那架飛機已變成一團火球，接觸地面後，在跑道上滑行了一百多公尺。瞬間的安靜之後，飛機突然爆炸，整架飛機從引擎處炸裂開來，強大的爆破氣流將零件吹得四處飛散，如子彈般掃過，也讓整條跑道瞬間燃燒起來。

消防人員趕到現場撲滅火勢，慶台與幾名同事技工穿上防火衣，走進事發現場。他們要找黑盒子，偵查爆炸原因。慶台站上飛機殘骸時，眼前一具具焦黑的人體頓時撼動他的心。「簡直像地獄一樣……」他心裡想著聖經所說的地獄，「如果人的生命這麼脆弱，那我心裡的仇恨又算什麼呢？」

這念頭在他腦中一閃而逝。

那天夜裡，他夢見一個滿臉紋面的老婆婆走到床前，溫柔地看著他。他正想說話時，只聽見老婆婆說：「孩子，你到底在做什麼？」

◇ ◇ ◇

慶台退伍後，起先在羅東一間木材廠工作，白天協助師傅搬運木頭，午後則跟著師傅學習裁切木板、組裝板桌。技術上看似沒有太大學問，但很注重工法的精細。在無聲的木頭中，慶台發現自己對於「修補」似乎有種特殊能力，無論是對事情、物品或對人，都有一種能讓紛亂狀態靜默下來的力量。然而這種感覺還只是雛形，僅是淡淡地在他心頭凝聚。

當兵時的回憶仍不時糾纏著他，在他心裡呈現各種樣貌，好壞參半。而要面對這種痛楚，最好的辦法就是透過酒精。每天傍晚下工後，他就會與木材廠同事一起到附近店家小酌幾杯，在與酒精打交道的過程中，他也漸漸懂得怎麼掩飾自己真正的情緒。

「小伙子，你在哪當兵？」

「水上，嘉義水上。」

「水上，那可是空軍基地啊！你應該看過不少飛機吧。」

「嗯……墜機也很多。」

「哈哈哈哈……」

廠裡的師傅多半是年輕人，多少受過國語教育，雖然還是以閩南、客家人居多，慶台的國語也還可以，大家在溝通上並沒什麼問題。帶有歧視意味的笑話還是在所難免，但比起以前，情況要好太多了。木材廠這份工作是慶台入社會以來做得最久的，他沒有想太多，不過雕塑木頭彷彿是他的本能，不必經歷太多曲折就能輕鬆上手。

然而，長久以來的內心痛苦並沒有減輕，於是他放縱自己飲酒，每天工作完都與同事騎著摩托車到處找事情發洩，幫同胞仗義出氣，然後喝得大醉回家。

就這樣過了一段時間，有一天，慶台接到姊姊明禮打來的電話，說是希望他能去桃園縣復興鄉幫她和姊夫尤命・撒該的忙。

「好！」

慶台沒想要拒絕，一方面他已學到能獨當一面的技術，一方面則是明禮結婚時他去過復興鄉，很喜歡那裡的原生森林生態環境。幾天後他向木材廠老闆請辭，老闆強力慰留他，但他以家人需要幫忙為由，打包好行李就離開，前往復興鄉這個改變他後來命運的起點。

慶台的姊姊住在拉拉山的山腳下，復興鄉百分之八十的居民都是泰雅族，泰雅語的「拉拉」是美麗的意思，所以拉拉山的意思就是「美麗的山」。二次大戰後，由於復興鄉農林產業豐富，盛產桂竹筍，後來更引進水蜜桃植栽成功，加上珍貴的紅檜巨木，使得復興鄉成為台灣西部發展最快速、繁榮的原住民居住地區之一。

慶台來到這樣的環境，每天欣賞著山林美景，與姊夫及當地村民接下各類雇主前來雇請的工作。不時有人問起慶台以前在城市工作的經驗，他只是含糊帶過，靜靜聽著其他人大聲痛罵著時勢與環境。

當時開始有大量外來投資者進入，先是利誘一些原住民當「人頭戶」，進而透過這些「掮客」去說服其他原住民，以這種方式大量承租或收購原住民的土地，用以發展溫泉觀光及高經濟價值的精緻農業。這種情形與北部另一個泰雅族居住地區烏來的情況很像，原住民缺乏商業概念及心思算計，其實是以極低的價格將土地租售給外人，最後只能在外人手下做些最低階的低薪工作，並不像漢人資本家所承諾的分享到產業發展的獲利。

政府早先訂立的「原住民保留地開發管理辦法」，原本是希望保障原住民生計，將原住民使用的土地劃為保留地，保護他們的耕作權和地上權等，但因法規制定的漏洞、國土規畫的變遷等因素，加上政府並未真的嚴格監督，使得保留地漸漸流到漢人或少數原住民手中，無法給予理想上的保障。泰雅族人雖然站在祖先傳承自身民族榮耀的土地上，卻因不懂合約、不愛競爭，也礙於現實的經濟問題，最終只能接受企業與投資方的聘雇，做著最基本的勞動工作，砍樹割草，每砍一分，在心裡更妥協一分，到後來幾乎忘了自己曾經擁有這片土地，十分諷刺。

辛勞加上挫折感，這時候能夠紓解內心壓力的只有酒精了，因為煩惱難除，撫藥卻容易取得。慶台每每與村民們一起醉倒在路邊，雖然他嘴上不說，對於社會情勢的感受卻比任何人來得深刻，偏偏又沒有能力思考改變現狀的方法，令他挫折感更深。

「保持現狀或許是好的吧，就當做我不知道。」他心裡這樣想。其實他只是自我保護，不想再繼續受傷害了。

◇　◇　◇

一天，明禮捎來一個好消息。哥哥志陽從事一段時間建築業及教會工作後，與一名熟識的老闆前往沙烏地阿拉伯，搭上一九八〇年代前往當地設置工廠的「淘金熱潮」，漸漸闖出些成績。志陽身為老闆的助手，很受器重，期望慶台能前去協助他，兄弟倆一起闖出一番事業。慶台非常興奮，迫不及待跑去告訴自己在復興鄉結交的好友歐蜜．偉浪。

歐蜜是桃園縣復興鄉本地人，慶台的姊夫尤命是他的表哥。歐蜜的父親與慶台的父親彼厚一樣，都是牧師，也是原住民第一代基督徒，因此他也出身牧者家庭，但原本沒有打算朝牧職發展。小學五年級曾經為了貼補家用，和朋友跑去彰化鹿港的工廠做工，不過因為受不了雇主長期壓榨，加上當地只要發生事情，居民常指說是這些原住民童工所為，於是他趕緊與友伴一起逃回家鄉；後來也曾前往台北工作，過程同樣辛苦，最後決定回家鄉務農。出於這樣相似的背景與經驗，歐蜜和慶台漸漸培養出好交情，無論做什麼工作都在一起，天南地北什麼都聊。與慶台不同的是，歐蜜非常喜歡讀書，經常沒事就抱著一本書，小說、課本、任何書籍都喜歡看。

因此，若要前去沙烏地阿拉伯，慶台第一個想到的就是歐蜜，於是兩人作起前往海外發展事業的大夢。

「你哥哥只叫你去，我這樣過去好嗎？」

「當然可以，我哥是老闆助手啊。而且我又不是找一堆人，我問過我姊了，她說沒問題。怎樣？一起去吧！」

「好啊……我的天啊……我還沒出過國呢，不知道坐飛機會不會很可怕？」

「嗯……」慶台想到自己看過的空難情景，語氣一時間緩下來。「其實我沒坐過飛機，也沒出過國，更不知道到了那裡會怎樣……但總比在這裡好吧，聽說去那邊兩、三年就能賺幾十萬回來。我媽年紀大了，希望賺到這些錢能給她過好日子。」

「幾十萬……天啊，那我可以買一大塊地、開一間小店、裝潢新房子給家人住，還可以買車子、娶老婆了……哈哈哈哈！」

「哈哈哈！」

兩人笑得不亦樂乎，三不五時還會向鄉民們大肆炫耀一番，好不得意。無奈出發前夕，兩伊戰爭爆發，航班大亂，志陽也被困在當地，完全不知道他那裡的情況。好不容易才有的夢想突然可能破滅，慶台心裡鬱悶，不由得酒喝得愈來愈多……酒精已悄悄損壞他的身體，只是他一直沒有發現這件事情。

每每夢醒時分，慶台就會因一陣腹痛在半夜痛得驚醒過來。病因來自他的胃，他做過檢查，是胃出血，後來又導致肝膽問題，雖然吃了藥，但每次痛起來，他就會在床上打滾，逼得他喝更多酒來麻痺自己。他不敢讓姊姊與歐蜜知道，怕他們擔心，會取消他前去沙烏地阿拉伯的計畫，所以夜裡胃痛起來時，他就拿著酒瓶走到外面，對口猛灌，灌到爛醉後，躺下來遙想著阿拉伯的黃沙美景。

然而，隨著波斯灣戰聲隆隆，不但過了兩、三年沒有止息，還波及到沙烏地阿拉伯等中東國家，所有人出入境都受到限制，使得慶台的出發日期無限期往後延，延到讓人灰了心，甚至可以斷言，出國是不太可能了。

◇◇◇

一天，慶台一大清早就開始喝酒，身旁同樣受到雇主剝削的村民大聲叫道：「喝酒啊……酒國無英雄、酒國無權貴，喝下了酒都是一樣的，管你有沒有錢，喝了酒我們都是一樣的……哈哈哈！」

「對！喝吧喝吧……」

慶台高聲附和，拿起酒瓶往外走去。他在村子附近一條小山道上搖搖晃晃，肚子還隱隱作痛，但他不理，只是繼續猛灌酒。此時，前方走來兩個人，一男一女，看樣子就知道不是本地人，而是前來古道賞遊的觀光客，兩人一邊走，不時說說笑笑，玩得很開心。

慶台已醉得快不省人事，從他眼裡看出去的兩名遊客並不是人，而是兩雙嘲笑的眼睛。

「喂！」慶台突然站定，指著走來的男子大叫起來。

兩名遊客被他一吼，愣了一下，以為他在叫別人，於是撇開頭，要往慶台身邊走過。

「喂！我叫你啊！」

慶台舉起手指，指著男子眼睛。

「先生，你叫我嗎？」男子不明所以，只是指著自己問慶台。

「對！我就是叫你，還要我說第二遍嗎？你們平地人不是很喜歡這樣叫人嗎？媽的……笑什麼笑……你是在嘲笑我嗎？」

「這人有病嗎？」一旁女子拉著男子的手，要他趕快離開。

「喂……去哪裡？我在跟你講話！」慶台伸手要揪住男子的衣領，滿嘴酒氣朝人噴去，繼續大叫。

「這人瘋啦！」

男子氣得扯開慶台的手一放，慶台整個人摔倒在地。

他抓狂了。

所有潛藏於內心的傷痛記憶一時間全湧上心頭。慶台往前衝向男子，將他撲倒在地，舉起拳頭朝他身體猛打，每一拳都好像打在曾欺負他的人身上。他想要狠狠報復，報復那始終甩不去的陰影。

「為什麼？為什麼要害我們……自從你們來了，我們什麼都沒有了……為什麼由你們來決定什麼是成功？我們割草比較可恥嗎？我們好好打獵就不行嗎？憑什麼搶走我們的土地……憑什麼騙我們的錢……憑什麼叫我蕃仔？我不是蕃仔！我不是蕃仔……」

「天啊！慶台，住手！」

附近村民看到，趕緊通知其他村民趕過來。男子被打倒在地，女子跪倒在一旁放聲大叫，結果四、五名村民合力才把慶台拉起來，另有幾人趕緊將男子扶起，連聲道歉，催促他們趕緊離開。

「放開我！」

慶台大力一甩，將架起他的村民全部甩開。

「卡將（日語的母親）……卡將……我快要死了……」

慶台整個人彷彿失了魂，本能地喊著母親，朝山林走去，可怕渙散的眼神讓周圍人不敢靠近他，只能眼睜睜看著他朝山裡走去。

「快叫歐蜜過來！」

村民也找慶台的姊夫尤命去勸他，但由命沒講兩句就被慶台一拳揮倒。等到歐蜜從村外趕回來時，慶台已走到一座山谷旁，天空下著細雨，景象令人心碎，彷彿一切都絕望了……

◇ ◇ ◇

慶台醒過來時，完全不記得當時發生的事情。只聽見歐蜜不斷對他說，他拿著酒瓶和青蛙，好像著了魔，一個人坐在懸崖邊，嘴裡不停喊著媽媽，好像隨時要跳下去。最後，歐蜜抓住他的手不斷禱告，慶台才沉沉睡去，醒來之後眼神終於恢復正常。

「你完全中邪了！」歐蜜用非常誇張的肢體動作解釋他剛才所受的驚嚇，但慶台想不起來，只覺得當時隱隱約約聽到母親的聲音。

那次事件後，慶台整個人變了。或許是聽到村民所說的當天情景，讓他感到愧疚，或許是他在迷茫間真的見到了母親，觸動了他內心的一些東西。

姊姊明禮很擔心，來找他深談。在明禮心中，慶台是個非常善良的人，在復興鄉發現老人家很寂寞，會主動陪老人聊天。在工作期間，慶台除了和歐蜜包下砍樹除草的工程，也常發揮他的木工專長，幫許多人家做裝潢。當時，有個與慶台一起長大的表弟也來投靠他，慶台除了教他做裝潢工程，也把每一次的工錢都給他，怕他生活困難。此外，部落裡若發生意外，慶台都會主動去揹往生者的屍體。若說他有火爆個性，每一次都是因為不希望原住民受到欺負。這樣善良的本質實在應該投入牧會工作，幫助更多人。明禮想著，當初母親就是不想看著慶台潦倒，而要她勸慶台來復興鄉，並希望他去神學院念書。她很認真地對慶台說，希望他去報考神學院，改變自己的人生。

歷經酒醉打人事件，慶台內心似乎有些部分改變了，對姊姊的苦勸也有了不一樣的感覺。幾天後，慶台與歐蜜一起工作時，忽然對歐蜜說：「我們去考神學院吧。」

歐蜜幾乎不敢相信自己的耳朵，他以為慶台又喝醉了。

「你說什麼啊？我們說好要去阿拉伯耶。」

「我哥不會回來了，」慶台冷靜地說，「我聽姊姊說，阿拉伯那邊還在打仗，哥哥不能離開當地，要過一段時間才能回來，我們也不可能去。我媽和姊姊都希望我去考神學院。」

歐蜜聽完跌坐在地上，彷彿這段時間以來的夢想全都幻滅了。但慶台緊抓住他的肩膀，冷靜地說：「其實去了阿拉伯又能怎樣？也只是去那邊繼續喝酒、繼續爛醉，除了賺錢什麼也不會改變。我們去考神學院，至少還能像我們父母親一樣幫助自己同胞，不是嗎？」

「別說得這麼好聽！」歐蜜推開慶台，「我們平常都沒有禱告，更別說上教會。你是怎麼了？突然領會到神了嗎？講得一副很了不起的樣子，你讀過聖經嗎？你真的這樣想嗎？」

「我只是想改變自己……」慶台低下頭說，「在懸崖邊，你不是曾經幫我禱告嗎？我聽姊夫說了。我只是想知道，為什麼母親總是可以保持微笑？無論碰到什麼樣的事情，她第一件事總是先向上帝禱告，讓她周圍的人也能感受到那種氣氛。她為什麼可以那樣呢？我很想知道……」慶台停了一下又說，「無論信不信，至少去找找看我們能做的事情。不是說在這裡做事不好，但這裡好不好都是社會決定的，既然有這麼多煩惱，何不去找個解決的方法？找到屬於自己的地方，找到解答，看看能做些什麼……好嗎？」

慶台說得情真意切，一時之間歐蜜也答不上來。

「……好吧，我想一下。」

「太好了！」

◇ ◇ ◇

半年後，那天下著猛烈的颱風雨，慶台騎摩托車載著歐蜜從村裡出發，朝向位在新竹的神學院考場前進。沿途風雨強驟，道路都積滿了泥水，樹木有的傾塌、有的斷折，樹葉像炸開似的散落在道路上。歐蜜幾次都要慶台停下來，問他是否該回去，但慶台不答應，他大聲唱歌，緊催油門，沿著陡滑的下坡山路飛速疾馳。以往，他總是在下雨天遇到傷心難過的事情，雨天對他來講就像現實的考驗一樣，一次一次擊倒他，無論他怎麼往前爬都一樣。但這次，他絕不後退，他下定決心，一定堅持到底！

兩人騎了三個小時，終於在考場關閉前趕到。他們完全沒準備，學科幾乎可以說全都不會，但是第二階段口試時，主考官認識慶台的父親，問他為什麼想來投考神學院，慶台想了一想，表示他想知道自己能不能成為像父親那樣受人尊敬的人。

主考官決定破格讓他們錄取。兩人歡喜之餘，想到那天騎下來的山路已經遭到土石掩埋，若不是慶台決心前進到底，那麼連主考官再考慮一下的機會都沒有了。

兩個月後，慶台騎著摩托車，沿著北迴鐵路往花蓮方向前進。火車從他身旁疾駛而過時，慶台回想起外公外婆，一九八〇年火車第一次開到南澳時，慶台與弟弟約道坐在家門口，看著火車頂上的一整排燈，不住稱奇。外婆一聽說他們想找她一起去坐火車，連忙叫道：「不要！那個很可怕，你看那條『燈管』走進山裡就再也沒有出來了，都衝進黑暗裡去了。我不坐那個！」

當時慶台和約道聞言大笑，笑外婆真是糊塗，搞不清楚火車的便利性。但現在，慶台過去經歷了那麼多事情，還真的像是時代的燈海把他送進了黑暗裡……

「或許真是那樣吧……」

慶台看著火車上逐漸遠去的點點燈火，心想：「如果走這條路能找到自己的話……那麼，這就是通往希望與未來的燈火了。」

◇◇ 在台北工作時期的慶台

◇◇
度過新兵訓練的黑暗期，
慶台（後排右三）下部隊後
在飛機修護廠擔任修護兵。

◇◇ 慶台的哥哥志陽曾在沙烏地阿拉伯工作，擔任員工考核員。

◇◇ 退伍後的慶台，當時在羅東的木材廠工作。

◇◇ 在桃園縣復興鄉工作時的慶台

第三部

命中注定

第七章

夢裡的女孩

【慶台的話】

有機會到神學院讀書，也才能認識我太太。

我到神學院讀書其實滿辛苦的，因為我在個性或與人相處等方面有很多部分是缺乏的，而且很孤單，畢竟進學校之前的生活模式與同學們很不一樣，帶著傷痛、生病的身體。不過，能到神學院帶給我很大的安慰，所以我想，既然進來了就要好好讀書。後來也覺得，上帝用這樣的方式讓我認識我太太。

我們兩人的人生完全相反。她的家庭狀況很好，而且個性很好，所以交往時是她在保護我，因為我的性格孤獨，需要更多關心。一路交往過來，她的關懷與關心給了我很大的幫忙。

我們結婚後漸漸脫離家庭的支持，太太原本的小康家庭生活，跟我結婚後就改變了，各方面都得跟著我一起辛苦，樣樣靠自己。結婚後很快生了第一個孩子，我就休學，工作賺了點錢再回去讀書，還好很順利，我也畢業了，有機會到教會工作。

其實到教會工作之後，生活條件也不太好，不過我們很認真工作，互相鼓勵，當然也有很多爭吵、很多不如意，但這畢竟是過程，我們漸漸發現教會的工作成果很不錯，因為兩個人真的很努力。

太太和我生了五個孩子，她在家辛苦照顧孩子，我則努力工作。回頭看這一切，覺得很有價值、很有成就感。

早晨七點，花蓮的鯉魚潭湖畔響起一陣喊叫聲，湖面像是有所回應似的泛起陣陣漣漪，映照著整片湖光山色。

「林慶台。」

「林，慶，台！」有個學生跑上男生宿舍，放聲大叫。

「來囉，來囉！」

一名男子從一棟白色建築物跑下來，趕到玄關，看見門口的那名學生。

「是林慶台嗎？」

「是。」

「教務長找你。你不是申請要見教務長嗎？」

「對。」

「跟我來，他在辦公室等你。」

說完，學生便向外走出去。慶台從鞋櫃裡拿出鞋子穿上，緊隨那名學生走下山，經過一片樹林，其間都是石砌而成的階梯，最後來到一棟紅色建築物。

「這是教學大樓，你第一天來報到吧？」

「是。」

「沿著一樓走廊走過去，左邊第三間就是導師辦公室，教務長辦公室在裡面。」

「謝謝！」

慶台向他道謝，轉頭往辦公室走去。

「報告！」他一邊說著，一邊推開眼前的木門。木門發出「呀」的一聲打開。慶台走進導師辦公室，裡面有個隔間，一位中年男子坐在裡面。慶台輕聲敲門。

「報告教務長，我是林慶台！」

「喔！慶台啊，來，進來坐。」教務長沈德來老師顯得很高興，拉了一張椅子要慶台進來坐下。

「聽說你想問我錄取你的事情。」

教務長雙手交握，穩健中散發出祥和與自信。慶台頓時覺得很不好意思。

「是這樣的……雖然那天口試的時候就知道您決定錄取我，但是看到昨天寄來家裡的成績單，還是嚇了一跳，那成績實在是……哈，實在是……」慶台結結巴巴說著，想起昨天晚上看到成績單上每個學科都幾乎是零分，一隻手快要搔破腦袋。

「這樣啊，那真是不好意思，顯然我沒有對你講清楚，讓你擔心了……」

慶台聽完趕緊擺擺手。「還是要不要接受補考之類的……」好不容易講完，慶台頓時覺得無地自容。

教務長咳了兩聲，正色說道：「我們確定錄取你了，只希望你能像面試時表現的誠意，好好用功，看看能在神學世界裡學到什麼事情。你父親是個偉大的人，他是第一代傳道師，也曾在這裡讀書，你母親也是。你姊姊曾在這裡求學，弟弟也正在這邊就讀二年級，我相信你也可以像他們一樣。把這裡當做自己的家，好好學習！」

教務長站起身，慶台依舊道謝不停，然後喜孜孜走出去。關上門後，慶台呼了一口氣，心緒鎮定下來，眼前看到的是學校前方的鯉魚潭美景。

「好美啊……」

慶台駐足了一會兒，再轉頭沿走廊走去。牆上張貼著學生做的許多海報，有的讚揚神蹟，有的表達感動，一旁還貼著學校簡史，慶台不禁細細讀了起來。

玉山神學院創立於一九四六年，起初是孫雅各先生於花蓮地區傳教時，囑託太魯閣族傳道師溫榮春先生在當地興建一所專門培養原住民傳道人才的學校，用意是希望原住民能在此學習傳道的各項專業，畢業後服事於部落教會和社會。最初起名為「台灣聖書學校」，慶台的父親彼厚也曾在這時期短暫就讀；後來經過多次改名，終於在一九七七年，經由台灣基督長老教會通過決議，正式定名為「玉山神學院」。

神學院的校地經過多次遷移，起初是向花蓮縣秀林鄉借用日本時期的「農業講習所」上課，花蓮縣政府將農業講習所收回後，改遷至日本人遺留下來的空旅館作為臨時校所，後來因故搬遷至美崙，於一間鋁業工廠的員工宿舍成立臨時學校，期間還曾因為財務困難，一度終止辦學，幸好有花蓮的慶豐長老教會接手經營。雖然遷校頻繁，但由此畢業的原住民基督教事工在各界的付出造成非常好的迴響，漸漸受到注意，因此許多國家的教會機構願意慷慨解囊，贊助玉山神學院購買校地和建設校舍的資金，終於在一九五九年三月耶穌受難節那天結束十多年來的飄泊，搬到花蓮鯉魚潭邊的現址。

鯉魚潭地處幽靜，校舍又面對鯉魚山映照於湖心的山色湖景，使得玉山神學院宛如坐落於仙境。這一切都打動慶台的心。

「在這裡，我感覺好平靜。」慶台對著從桃園趕來、剛走進學校的好友歐蜜說。

「是啊……就好像出家當和尚一樣！」

「哈哈！」

兩人相視大笑，一起走向宿舍，即將展開新生活。在這裡，外面世界的功名與人生成敗似乎距離他們好遙遠。

◇ ◇ ◇

玉山神學院的課業主要分為兩個階段。慶台與歐蜜只有國中畢業，必須從兩年制的「預科」（類似高中）讀起，通過考試後才可以升上大學部。預科的課程除了基本的聖經研讀，還包含與一般學校相同的國文、英文、數學等基本學科。慶台雖然討厭基本學科，但他告訴自己一定要嘗試閱讀；他很喜歡讀聖經，聖經的故事總是可以讓他找到共鳴與平靜。他也開始學習透過禱告，將煩惱都交給上帝，只渴求一顆穩定平實的心。

來到這裡以後，慶台改變了許多，就像彼厚當初接觸基督教一樣。最直接的改變就是他的脾氣，以前從各種環境累積而來的銳利眼神，漸漸地變得溫柔多了。此外，他每天非常認真上課，待在教室的時間或許比過去國中三年加起來還要多。慶台也讓以前到處打工學會的技能派上用場，開始參與建造學校的事工。

玉山神學院並不屬於教育部認證與立案的學校，政府沒有提撥補助金，所有的經費都由學雜費和教會捐助而來，因此學生和學校彷彿是共生體，就像教務長所說的「大家庭」，學生和老師會一起捲起袖子參與校舍修繕工作，連食物也是靠大家一起種植、一起付出勞力、一起品嘗果實。每個學期會有為期一週的「事奉週」，以及每週一次的「事奉日」，學生與老師一起割雜草、種植水果蔬菜和稻米，不僅是大家一起守護學校，也是培養每個神職人員未來回到部落所需的刻苦的心。

慶台覺得這方面很不可思議，感覺就像部落生活一樣。大家一起胼手胝足打拚的過程中，他更加愛上這個環境了。

但也因為學校經費沒有政府補助，學費非常高昂，慶台與歐蜜每天上課以外的時間都在學校裡打工，用以扣抵高額的學費，常常都是到了學期末才把學費繳清。不過慶台沒有任何怨言，他為了自己所嚮往的環境而努力，不需要懷疑，更不會有抱怨。工作之餘，他經常騎著摩托車，主動載送女同學到花蓮市區購買生活物品，或是到火車站搭車。每每從市區騎回來，他看著黃昏的湖景，都像是再一次確定，這裡的確是自己渴望前來的地方。學校裡的同學幾乎都是原住民，來自全台灣各個族群，各自的母語不同，大家以國語交談，彼此間亦相處融洽。

然而只要在一個體制裡，就會有倫理和輩分的問題。原本安排學長姊帶領新進學弟妹適應環境，是再適當不過的事情，但就是會有人濫用這種權力，彰顯自己的身分地位。

◇ ◇ ◇

才剛入學兩個星期，慶台就開始碰到這樣的事情。有一天他在宿舍洗澡，因為剛做完事工，沖著水洗去全身的疲勞，他開心唱起歌來。此時，澡堂另一頭有個剛洗完澡的學長聽到唱歌聲，便朝慶台所在的淋浴間走過來。慶台洗到一半，聽見猛烈的敲門聲。

「喂！你是幾年級的？」學長劈頭就很不客氣地問。

慶台轉頭，看見門板上有人探出頭瞪視著他，不禁一臉疑惑。

「預科一年級，有事嗎？」

「才預科一年級，菜鳥，你大概還沒當過兵吧……你唱歌很吵，知道嗎？唱什麼東西啊，不准唱！」學長說完便要轉身離去。

這番話令慶台心頭火起。他打開淋浴間的門，對著學長背影就罵：「你是學長又怎樣？想欺負人？你找錯人了！」

學長轉過頭斜睨著他，氣呼呼地說：「什麼找錯人？你有病啊？」

慶台走向前，抓住學長的肩膀，嚴肅說道：「這就叫找錯人。」

「你……」

學長想要掙脫，但慶台強大的手勁令他甩脫不開。慶台想起歐蜜說過，有個學長在吃飯時不許學弟們發出碰碗的聲音，害他吃飯小心翼翼、痛苦地邊抖邊吃。

「你是學長，因為是前輩，所以我尊重你，這是應該的。但不表示我得聽你莫名其妙的命令。這裡是神學院，在上帝面前，人人都是平等的！」

「你這小子……」

學長又想要甩開慶台，但慶台的手掌加壓，眼神微變，學長整個人愣住。接著，慶台鬆手離開，留下學長在背後高聲怒喊。

後來，有一次排練話劇的時候，那位學長又用難聽的字眼飆罵一個遲到的學妹，慶台再度出手制止，於是他的名聲火速傳遍整個校園。許多老師和學長聽到後並沒有苛責慶台，反而認為他沒有做錯，給他一個「火爆浪子」的外號。慶台並不在意，那種人他看多了，而且他知道自己已經改變。來到學校之後，他不再喝酒，也沒有再抽菸，胃出血和肝膽疾病的問題改善了，臉上也恢復往日的真誠笑容，完全變了一個人。雖然學校裡有些漢人老師和志工，難免勾起一點回憶，但是他們和慶台以往遇到的漢人很不一樣，每個人在聖經的帶領下，心情平靜祥和。他開始明白母親可以經常保持微笑的原因了。好不容易來到這個環境，他現在只想好好守護這個地方。

◈ ◈ ◈

然而好景不常，慶台很快要面對的，就是最令他煩惱的課業成績。

他來到這裡之後，嘗試學習許多事情。他參與聖經話劇編導，還因為求好心切，改過歐蜜所寫的劇本，令歐蜜有些生氣。他也參加唱詩班與禱告團契，並發揮吉他伴奏的才能，帶領詩班唱歌，甚至自學鋼琴，展現在國中樂隊時期所培養的音樂底子。而他最為人稱道的還是他做事工的能力，不僅常負責修理學校水電，還利用以前工廠所學經驗，從木工、砌牆、園藝到修理房舍，樣樣精通。學校每學期最重要的「事奉週」，他總是衝第一，帶領同學們一起整理學校環境。然而，他的成績始終不見起色。

歐蜜本來就很喜歡讀書，所以保持很好的成績。他時常看到慶台才翻開課本沒多久就昏睡過去，不由得替他擔心。

「期末考快到了，你有沒有準備好？」

「一定要讀這些才能事奉上帝嗎？」慶台洩氣地問。

「唉，這就是規定啊！不然怎麼幫學生評分？」

「規定啊……」慶台喃喃說著，表情很哀怨。

「嗯，我知道你很努力，就再努力一下吧！」歐蜜安慰他。

歐蜜知道慶台非常努力，常常看見他即使沒錢繳學費，還是會在學校圖書館訂一些老師推薦閱讀的書，然後靠著幫學校做事工慢慢支付學費和書款。但他常常讀書讀到一半就趴倒在桌上，必須出去做些事工才能提起精神。慶台知道自己不是讀書的料，可是他不想放棄，好不容易來到這裡，不想因為成績而被退學。

期末考前一天，他幾乎沒睡覺，抱著書猛K國文和數學，英文他還可以，因為他喜歡與外國老師聊天。考完後隔幾天，學校展開一場審查。

有些老師認為，慶台的課業成績太差，根本達不到標準，而且規定就是這樣，不然學校怎麼維持公平？其他老師則幫慶台緩頰，認為他比一開始進步很多，而且他替學校做了許多事工，單就成績評斷他也不全然公平。

老師們的討論陷入膠著。教務長聽過老師們的意見之後，認為玉山神學院興辦學校的目的是培養傳道人，因此最重要的是看學生有沒有服事的心。成績固然很重要，那不僅是評比學生的方法，學業內容對學生來說也很重要，然而假如學生很努力於事工，似乎應該給他機會才對。

過了幾天，學校通過決議，繼續保留慶台的學籍，原因是他在學校事工方面的努力有目共睹。

慶台的室友興奮地跑回寢室，見到他立刻高興大叫：「慶台！學校決定保留你的學籍了！恭喜你！」

慶台不發一語，只是看著窗外，心裡默默感激。

「怎樣？很開心沒有因為成績被刷掉吧？」室友走過來欣慰地說。

「我很開心，但不只是因為這件事情。」

「什麼意思？」

慶台轉過頭來，微笑著對室友說：「我開心的是……感謝上帝，我終於找到我可以做的事情了！」

◇◇◇

那天夜裡，慶台躺在床上，耳邊聽著他最喜愛的義大利男高音帕華洛帝所唱的歌劇詠嘆調，漸漸墜入夢鄉。

在夢裡，他發現自己站在一片草原上，天空是灰暗的，暗到透不出一點光影。突然間，有一個穿著白紗的女孩子從遠方朝他跑近。他轉過頭，看見另一個面容模糊的女子正遠離他而去。

「等一下！」慶台朝著遠離他的女子追去。這時，白紗女子走到他的面前，捧著一束花塞進他的手裡。

「我是來嫁給你的。」白紗女子說。

慶台不敢相信自己的耳朵，就在他想說點什麼的時候，夢醒了。

「這到底是什麼意思呢？」慶台感到悵然若失，只見天色已經泛白。「我好像見過這個女孩子⋯⋯」

隔幾天，慶台在一次早晨禱告會上看到一個女孩站在唱詩班前頭，她穿著米色毛衣，長相竟然和夢裡的白紗女子一模一樣！

「為什麼？我又不認識她。」慶台心裡十分困惑，百思不得其解。

禱告會結束後，慶台去找唱詩班一個學弟打聽，得知女孩的漢名叫「宋月娥」，也是泰雅族，族名叫理力．尤拜。

「理力是我表妹啊，你想認識她嗎？」學弟問他。

慶台沒講話，只是朝理力望去，心裡想著：「她⋯⋯好像是來拯救我的。」

慶台當時正面臨與女友分手。他與女友交往數年，但女方母親一直嫌慶台遊手好閒，沒有穩定的工作，甚至跑去念神學院，最終兩人無以為繼，宣告破局。在電話這一頭，慶台極力挽回，涕淚縱橫，不過女友已經決定要嫁給村裡一個警察。慶台在夢裡追逐的應該就是女友，而正當他心力交瘁、痛苦難當時，理力出現了，她化身為夢裡的白紗女子，捧著一束花塞進他手裡。也許他們的緣分早已注定。這實在太不可思議了，但終究為慶台帶來希望。

「我要認識她！」慶台心想。

理力是新竹縣五峰鄉人，出生於非常小的花園村河頭部落，屬於泰雅族北勢群。她從小生長在務農家庭，家人都有虔誠的基督教或天主教信仰，也把信仰傳給自己的孩子。理力是個內向但獨立的女孩子，雖然很聽家人的話，但她很清楚自己的志向，國中畢業就考取玉山神學院，朝著心目中的牧師職邁進，因此她是慶台的學姊，卻比他小了好幾歲。她對於理想對象的條件是「希望他是一名牧師」，而慶台的成績不好，距離牧師之職很遙遠，理當不會是理力的理想對象。

但是，如果直接對她說她出現在夢裡、希望能交往，未免太不實際，還可能被當成神經病，於是慶台開始思考接近理力的方法。

理力在學校很受男生歡迎，她不但美麗大方、談吐有學養，而且善解人意。慶台遠遠看著她和同學們互動，幾乎感覺到她周遭散發著光芒，令他不敢靠近她，卻又對她感到好奇，因此常常藉著唱詩的時候站在她背後，想找機會多了解她一些。

其實理力對慶台有點印象，她知道學校有個號稱「火爆浪子」的學弟，但沒有特別注意他。她從小生長在管教嚴格的家庭，在她心目中，男生就是要像風度翩翩的牧師一樣，因此無法想像在街頭逞凶鬥狠的人。不過，她漸漸發現每次禮拜總有一個人站在後面，不但歌唱得特別大聲，還有點壓迫感。她覺得很討厭，特別慶台又相當受到女生歡迎，這種人根本不是她喜歡的類型。

過了好一陣子，由於沒什麼進一步認識的機會，慶台就去拜託理力的好朋友林小莉，喜歡交朋友的小莉早就認識當時在學校十分活躍的慶台。小莉聽慶台說想認識理力，開玩笑說：「理力很多人追喔！你有把握嗎？」

「我才沒有想這種事！」慶台嘴硬不承認，「只不過是想認識她而已，說了原因你也不會相信。」

小莉看慶台不像是隨便說說的樣子，就帶他加入自己和理力組成的「禱告團契」。理力看小莉帶慶台加入團契，感到很驚訝。

「你帶他來幹嘛？」

「就認識新朋友嘛，慶台很有趣喔！」

慶台趕緊跟理力打招呼：「學姊你好！我叫林，慶，台。」

慶台講自己的名字還特別拉長尾音，本來很生氣的理力不禁笑了出來。

慶台在禱告團契與理力相處，發現表面上看起來有點嚴肅的她，真的是非常好的女孩子，兩人時常在校園裡講話，慶台看著其他男生羨慕的眼神，突然覺得很得意，也意識到自己好像漸漸喜歡上她了。

◈ ◈ ◈

理力對慶台一直僅止於朋友關係。從細微動作間，她可以感覺到這個學弟喜歡自己，但她不喜歡慶台嘻嘻鬧鬧的個性，特別是對其他女同學也是這樣，感覺很輕浮。因此，不管慶台如何想方設法約她出去，她都遲遲未答應。

慶台看理力會和其他學長出去，自己卻始終約不到她，不由得焦急起來。他本想請小莉幫忙，小莉說理力不願意，她也沒辦法。

慶台聽完，一顆心有如沉入湖底。

後來時間久了，理力漸漸發現慶台的本性並不愛捻花惹草；相反地，他的眼神總是很悲傷、孤獨，常常一個人在角落專心砌牆，做著學校事工，與平常嘻笑愛玩的形象很不一樣。

但因為母親曾告誡她，在學期間不可以交男朋友。不過漸漸地，她覺得再也難以忽視慶台的悲傷眼神了。

於是，理力請小莉轉告慶台，兩人有了第一次約會。

那次約會並不浪漫，因為理力拖著小莉一起出遊，一輛摩托車硬是擠了三個人，小莉坐在慶台與理力中間，心想自己為什麼要來當電燈泡。

他們到了花蓮一處海邊，眼前是一望無際的海洋，海風徐徐，慶台和理力在彼此眼裡，頓時變得像太陽一般閃耀，兩人感情急遽升溫。等到下次再度來到這片海灘時只剩下他們兩人，在海波輕浪旁，慶台向理力表白，希望她能與自己交往。理力的聲音細不可聞，等到海風稍歇，慶台終於聽清楚時，他高興得跳了起來。

交往之後，理力開始感受到慶台對她的愛。理力在學校依然很受歡迎，一些學長並沒有因為她與慶台交往而放棄追求，每當有情敵出現，慶台總是第一時間站在她面前大聲說：「她是我的女孩！」

這讓理力覺得不知所措。

但是在一起才一年多，理力的母親就發現了，勒令他們停止交往。媽媽大罵理力，明明說好學生時期不可以交男朋友，她還打聽到慶台家裡的狀況，生氣地說：「你和這樣的人在一起會幸福嗎？快跟他分手！」

理力在媽媽面前早已哭成淚人，她不知道慶台會令母親這樣反感。歷經一次又一次的爭取、難過、解釋、悲傷之後，理力終於在交往一年後的暑假寫了一封信給慶台，信裡寫道：「我們分手吧……」

那年暑假，慶台手裡拿著理力寫給他的信，在家鄉淚流滿面。理力在信中表示，雖然分手，希望還可以當朋友；開學前，理力甚至買衣服寄給他，擔心他的生活。即使如此，慶台的心情還是跌入谷底。

兩人再次碰面，是在開學後的團契迎新聚會上。理力原本心想，經過兩個月的時間，慶台的心情應該會比較平靜了，但是當同學們分享著自己的暑假經歷時，學長竟邀請慶台起來唱歌。

同學與學長姊都很期待，想說愛搞笑的慶台不知會帶來什麼歌曲，理力更是緊張，她不知道慶台看著自己是什麼用意。

慶台終於開口，唱了歌手林淑容當時很紅的歌曲〈我怎麼哭了〉。

「我從來沒有想到過離別的滋味這樣淒涼，這一刻忽然間我感覺好像一隻迷途羔羊，不知道應該回頭，還是在這裡等候？在不知不覺中淚已成行。」

所有人都轉頭看理力。她非常驚訝，也很不好意思，心想：「他怎麼會這樣深情……」但她當下沒辦法有任何表示，只假裝沒事，匆匆離場。

當天晚上，理力躺在床上，耳邊盡是慶台以前對她說過的話，難以成眠。她心想：「我真的要接受他嗎？」

過往浮上心頭，歷歷在目。原本慶台從預科畢業沒有選擇神學系，而是希望念音樂系，想要從事能發揮音樂專長的服事工作，特別是他很喜歡唱歌，透過學校培養，或許還有機會去歐洲深造，因此學校特別破例讓他申請從未收男生的音樂系。兩人交往時，慶台很興奮地對理力說這件事，理力卻只說：「我想嫁給牧師啊。」

慶台聽了，二話不說，馬上向音樂系主任道歉，改念神學系。理力實在無法想像，自己在慶台心中占有如此的分量。

想著想著，理力想起隔天是中秋節，雖然腦子裡還盤旋著母親的叮嚀，但她已經默默做了決定。

隔天早上，慶台躺在宿舍床上，突然接到理力的電話。理力說：「今天是中秋節，我們一起去天祥玩吧！」

理力放下電話沒多久，女生宿舍樓下便傳來慶台摩托車的聲音。

兩年後，理力從神學院畢業，慶台擔心他們兩人的感情生變，於是向理力求婚，兩人便在親友的祝福下結為夫妻。婚禮上，慶台向理力的父母親保證一定會好好照顧理力。理力的母親雖然不喜歡慶台，可是看到自己女兒選擇的歸宿，慶台又很有誠意，就沒再多說什麼。

為了讓理力有安穩的生活，慶台先從神學院休學一年，到台北一間餐廳工作。理力則圓了小時候的夢想，回到家鄉牧會，同年生下大女兒。

◇　◇　◇

女兒出生後，慶台決定重回神學院修完學業，畢業之後回到原住民部落教會工作。他很期待回到這個讓他改變的大家庭。

開學後，玉山神學院的新院長上任，一切欣欣向榮。慶台很得新院長的喜愛，他依然努力做事工、認真念書，每天都思念著家人。但是到了下學期開學的第一天，慶台坐在禮拜堂裡，正想著母親的期許和妻女的笑顏以及這學期應該怎麼努力的時候，突然有一位老師衝了進來。

「不好了！學生說不進來做禮拜！」

幾名老師在禮拜堂內聽到後紛紛跑出去，只聽到外面一片唱詩聲，卻不進來室內。

「學校的開學典禮不進禮拜堂？」

慶台覺得奇怪，順著老師的驚叫聲朝窗戶走去。只見禮拜堂外面聚集了很多人，混亂嘈雜。慶台心裡一涼，暗想不妙。

神學院再怎麼位處幽靜，也無法自外於社會的脈動與潮流。改變的鼓聲隆隆作響，就連平靜祥和的神學院也不得不捲入時代的浪潮。

◇◇ 慶台（左二）、歐蜜（右二）與神學院的同學一起唱詩。（歐蜜．偉浪提供）

◇◇
慶台（右）與弟弟約道在新竹縣河頭村花園部落，於理力的教育士續任典禮上合唱。

◇◇ 慶台幾經追求，終於獲得理力點頭同意交往。圖為兩人交往時期出外約會的情景。

◇◇
慶台與理力結為連理、共組家庭。

第八章

沸騰

【慶台的話】

我的求學過程沒有參與太多政治方面的事情，因為我的生活受到外界最大的影響是成長過程遭到霸凌、欺負，所以當時希望自己的混亂情緒能夠平復下來，也就沒有把重心放在思考原住民的苦難。當時沒有這個想法。

我進入神學院之後，發現很多學長開始對我們談論政治方面

的事。大家從不同的環境來到這裡，而很多環境都與政治有關，一旦談論到人的生活與人的生存，其中都會包含公平和正義，而公平和正義就與政治有關，所以不斷有學長告訴我們這方面的議題，讓我漸漸了解原住民在這方面受到的苦難。

但事實上，我沒有太專注去思考政治這部分，所以就沒什麼參與。比起其他同學，我的年紀較大，我認為來學校的目的是讀書，然後到教會工作，因此在學校不該有太多時間參與政治。我會覺得，參與政治應該是在畢業之後，而不是當學生的時候，那會耗掉我在學習上的很多時間。我們與政治不是沒有關係，當然有關係，但我認為不應該在這個時候、用這種方法。

另外，我覺得有些漢人老師對於政治太過強烈，原住民不會像漢人那麼強烈，我們好像沒有像外面講的那麼經常受到政治壓迫，我反而認為，文化不同、生活方式不同、政府政策等才對我們原住民造成直接的危害。每次看到他們去參加社會運動都是傷痕累累回來，我會覺得被打到受傷或死掉了很不值得。

所以，我不是不想參與社會事務，也許是因為我以前遭到很多傷害、經歷的苦難較多，所以會從較客觀的角度去思考原住民的生活。後來我也經常參與社會運動，爭取原住民的權益。

就一般的政治事務來說，泰雅族與漢人的立場是不一樣的，我們是遭到漢視、被邊緣化，這與漢人對政府的仇恨是不同的。

慶台休學的這一年，玉山神學院進入風起雲湧的一年，原住民運動浪潮捲入校園。

二次大戰後，國民政府從日本手中接收台灣，原本台灣人熱烈迎接，但因管理混亂、軍紀不良、雙方缺乏了解也難以適應，最終爆發二二八事件，政府派兵強力鎮壓民眾。隨後政府於一九四九年頒布「台灣省戒嚴令」，一方面因為外有中國共產黨的迫切威脅，另一方面藉此壓制內部菁英份子的自主意志以鞏固政權，於是展開長達四十多年的白色恐怖時期。

這段期間也有原住民的身影，鄒族的湯守仁便是頗具代表性的悲劇人物。湯守仁曾在日治時期擔任軍官，後來在中國東北地區遭到蘇聯軍隊俘虜，因證實不是日本人而獲釋回到台灣，在他出生的阿里山鄉（舊名吳鳳鄉）擔任體育老師。

二二八事件爆發後，湯守仁向鄉長高一生請求，帶著六十多名鄒族青年前往嘉義市協助維持秩序，後來與嘉義民兵理念不合，於是鄒族青年回到阿里山鄉守護族人。最後，大批軍隊攻陷他們的防線，湯守仁和高一生入獄，幸而獲得當時台灣第一位原住民省議員林瑞昌（泰雅族名為樂信．瓦旦）力保出獄。

林瑞昌與高一生是好友，他們早在日治時期便與其他的原住民知識青年一起發展民族自決理念，力圖恢復過去各個原住民族的自治形態。政府原本意圖收編林瑞昌，聘任他擔任公職，希望他與其他原住民青年不再提出異議，而後來林瑞昌遞補擔任省議員，也希望能從民意機關的途徑推動民族自治、爭取族群利益，但這當然不可能見容於當時的政府。

一九五二年，保安司令部羅織了叛亂、貪汙、匪諜等奇怪罪名，開始逮捕湯守仁、高一生、林瑞昌等原住民領袖。一九五四年，他們先後遭到槍決，成為白色恐怖時期的犧牲者。

造化弄人，一九八六年犯下殺人案的湯英伸正是湯守仁的侄孫。湯英伸事件簡直是慶台經歷的翻版。十九歲的湯英伸來到台北打工，遭到雇主扣留身分證，而且在條件極差的環境裡長時間工作。他欲辭職，卻遭雇主惡言辱罵、不願支付薪資，而且對他動粗，湯英伸酒後還手，與老闆扭打成一團，最後失手打死老闆夫婦和小孩。當時各界人士聲援湯英伸，認為許多原住民在工作場所遭到歧視和不公平對待，湯英伸只是氣極反抗，《自立晚報》和《人間雜誌》都有大篇幅報導，但最後，湯英伸仍因殺人重罪而成為最年輕伏法的死刑犯。不過，這起事件真正讓原住民乃至社會弱勢者所遭受的不公平待遇浮上檯面，在原住民運動史上占有重要地位。

◈ ◈ ◈

一九八〇年代，黨外運動的影響力逐漸滋長，新一代台灣原住民運動也在同一時間漸漸茁壯。一九八三年，幾位就讀台灣大學的原住民青年發行一本雜誌《高山青》，取「高山青年」之意，提倡台灣原住民自覺運動。《高山青》第一期印了三百份，全文手寫，開宗明義寫道：「我們是一群熱愛國家、守法重紀、關懷鄉土的山地青年。為促使『山地現代化』——政府運作民主化、經濟發展系統化、社會福利全面化、傳統文化生活化、心理建設加強化、教育機會平等化、宗教生活平等化的目的早日實現，特發行此刊。」

文中也發問吶喊：「懸殊的貧富差距何時才能拉平？實質的平等何時才能獲致？真正的尊重何時才能披受？……如果我們不背負山地的十字架，誰來為我們背負？山地朋友們！奮起吧！沉睡了三、四百年，是覺醒的時候了！」

這本刊物自然在校園範圍引起不小的迴響，再加上校園外有歌手胡德夫（路索拉門・阿勒）為楊祖珺助選立法委員時做出相同的呼籲，校園內外的原住民有識之士開始集結力量，先是與黨外運動結合運作，隨後於一九八四年獨自成立「台灣原住民權利促進會」。

政府原本希望透過學校教育「同化」原住民，但受高等教育的原住民知識份子逐漸思想覺醒，例如《高山青》第二期有一篇文章強烈批判「吳鳳」故事，便是很有代表性的例子。政府想藉由這樣的故事「同化」原住民，事實上卻是「醜化原住民」。巧合的是，這個荒謬故事就是發生在湯守仁和湯英伸生活的鄒族領域。

吳鳳的故事直到一九八八年還出現在國小課本裡，但所謂「吳鳳犧牲自我以革除原住民出草習俗」的故事根本誇大不實，而且具歧視原住民的貶抑之意。其實早在一九五〇年，這個故事曾拍成台灣第一部國語電影《阿里山風雲》，片中插曲〈高山青〉至今仍是家喻戶曉、普遍傳唱的歌曲，恰巧原住民知識份子所辦的《高山青》刊物與之同名，實在非常諷刺。

《高山青》在第二期深入調查吳鳳故事背後的原委，發表〈吳鳳不是我們殺的，因為他是奸商〉一文，認為吳鳳其實是經常剝削鄒族人的漢人買辦，而且「捨身教化」的故事是他死後八十年才流傳，穿鑿附會的成分較大。

他們最後做了結論：「吳鳳的故事之所以被編造，是有關當局用來『涵化』劣勢民族的一項工具。自從吳鳳的『故事』出現在教科書之後，不僅僅是曹族（現稱鄒族）山胞受到牽連，已經使所有的高山族群受到普遍的指責，使他們身為山地人感到自卑。因為，平地人不會說是曹族殺了吳鳳，只會想是『山地人』殺了他。筆者在此呼籲政府，如果為了早日『同化』山胞，而不恥地用『故事』使山胞感到自己的文化卑劣，進而去認同優勢文化，在早期民智不開的社會是可行的。但是，就目前的社會而言，似乎已不符合實際了，政府是否應該用合理的方式來『涵化』，不要再將近乎神話的故事編入教材，深切希望，吳鳳只是單純的一個『童話故事』，而不是用來同化的工具。」

◇
◇
◇

一九八〇年代重要的原住民自覺運動，包括反對販賣人口（關懷原住民雛妓問題）、破除歧視原住民的吳鳳神話、抗議日本與國民政府侵占原住民土地的「還我土地運動」，以及尊重各個原住民族自我認同的正名和自治運動等。此外還有各地的原住民相關事件和議題也引發廣泛關注，像是抗議濫挖東埔布農族原住民祖墳事件、花蓮太魯閣族的反亞泥運動、蘭嶼達悟族的反核廢料運動、屏東魯凱族與排灣族的反瑪家水庫運動等，都在這段期間爆發。

其中影響最深遠的是「正名運動」和「還我土地運動」。清朝稱原住民為「番」、日治時期稱為「蕃」，並分為「生蕃」和「熟蕃」，主要是「高山族」和「平埔族」的分別，但這種稱呼極具貶意，認為有「未開化」的意思。國民政府來台後統稱「山胞」，民間還沿用具有貶意的用語，像是「番仔」、「土著」等詞，慶台小時候就深受其害。有識之士成立原住民族權利促進會後，於一九八四年發起「原住民族正名運動」，決定正名為「原住民」。正名運動同時也推動恢復傳統姓名和傳統地名，傳統命名深具族群文化傳承和自我認同的意義，是原住民歷史和文化的核心之一。

還我土地運動也是正名運動的延伸。日治時期，日本政府將原住民土地收歸國有，而國民政府接收台灣後沿用過去的政策，將原住民劃在只有二十多萬公頃的國有「山地保留地」範圍內，僅開放原住民墾牧。雖然政府早在一九六〇年就訂定「台灣省山地保留地管理辦法」並兩次修訂，後來又改為「原住民保留地開發管理辦法」，逐步讓原住民取得墾牧土地的所有權，並且禁止原住民土地轉讓給非原住民，但因法令實施不嚴，許多外來資金利用漏洞大量進駐，以低價取得原住民土地的使用權，正如同慶台在桃園復興鄉所看到的景況。

從一九八八年開始，原住民權利促進會結合其他團體，前後發動三次「還我土地運動」的大規模遊行，訴求保障土地權、設立部會級專責機構，以及原住民自治。面對這些意見，政府一貫敷衍和忽視，直到政黨輪替，終於在二〇〇五年頒布「原住民族基本法」，保護原住民的各項權益，原住民的土地改由行政院原住民族委員會統籌管理，原民會等於是原住民的最高行政機構，朝向自治再邁出一大步。

◈ ◈ ◈

這股原住民覺醒的風潮，很快也吹進玉山神學院。

基督教的基本理念是關懷弱勢、扶世濟貧、伸張公義，實踐信仰的途徑分為兩派，一派為「保守福音」，主張追求神的世界，即不以現實社會為考量，而是追尋純粹的信仰生活，一切以推行宗教與實踐信仰為主，不參與俗事；另一派強調「社會福音」，主張效法耶穌基督，投身於需要幫助的環境，一方面推行信仰，一方面替弱勢者爭取權利，投入俗事甚深。

台灣基督長老教會是最早深耕台灣各角落的教會之一，對貧苦的人了解甚深，在「台灣基督長老教會信仰告白」就寫道：「我們信，教會是上帝子民的團契，蒙召來宣揚耶穌基督的拯救，做和解的使者，是普世的，且根植於本地，認同所有的住民，通過愛與受苦，而成為盼望的記號。」因此他們不但致力於爭取信仰自由，也參與建立平等、公義的社會。《高山青》第五期曾摘錄一篇台灣基督長老教會對於台灣民主化呼籲的牧函，內容寫道：「我們相信民族的興存是建立在順服上帝的公義和慈愛上。我們認為國家的安全是建立在民主自由的基礎上，政府的公信是建立在人民的認同和參與上，社會的和諧是建立在彼此的接納和尊重上。」

當時許多部落都有多個教會林立，但在民選制度開放初期，變質為許多候選人的買票場所，以及政府施行「同化」政策的管道。為了遏止這種歪風，台灣基督長老教會希望每一位傳道師能夠負起對自己信仰的責任，遵循「焚而不燬」的精神，對社會做出貢獻。

玉山神學院是台灣基督長老教會成立的學校，好幾任院長都對參與國家政事發表以信仰為基礎的看法，特別是第三任院長高俊明牧師，他於一九七〇年卸任院長轉任台灣基督長老教會總幹事時期，就曾提出「國是聲明」及「人權宣言」，呼籲政府應該以台灣人民權利為依歸；美麗島事件後，他更因協助施明德逃亡而被判入獄，一生執著於投入社會與政治的信仰。玉山神學院也很早就向政府呼籲廢除原住民出入山地管制區要辦理入山證的規定，還給原住民自由進出居住地的權利。

不過到了慶台復學就讀玉山神學院時期，當時的院長主張學生應以修習信仰為主要功課，反對學生參與政治。在那個風起雲湧的年代，玉山神學院有兩位重要人物鼓勵學生參與公民與政治事務，一位是慶台的好友歐蜜，另一位則是慶台的弟弟約道。

慶台與歐蜜入學之初，校內氣氛相對單純，歐蜜也很喜歡玉神的生活，每天與大家一起上課、工作，很投入學生生活。他以前也像慶台一樣經歷過漢人的歧視，程度不像慶台那般嚴重，但無奈的心情是一樣的，只是尚未受到啟發，還不曾深刻思考這類問題。不久，歐蜜認識了同寢室的一位學長，他是後來的原住民族運動大將多奧．尤給海（漢名黃修榮）。

多奧經常在學校發表反威權的言論，他很早就投入黨外運動，後來投身原住民自覺運動多年；每當看見國旗，多奧就會大聲疾呼：「你們看！那不是國旗，那是國民黨的黨旗！那就是一黨獨裁的證據，你們以前傻傻唱的國歌，其實是國民黨的黨歌啊！你們都被洗腦了，沒有為自己發言的權利，知道嗎？」

他講得義憤填膺，但一開始大家只把他當成基進份子，甚至排擠他，希望他不要干擾這個環境。後來，隨著許多人愈來愈了解原住民和台灣的歷史，一本本講求自由與平等精神的刊物傳入校園，加上自身與長輩經驗，了解原住民從日本到國民政府統治時期始終處於被動狀態，受到外來政權的占領，於是愈來愈多人認同多奧的理念，包括歐蜜。

歐蜜聽了多奧對民族與信仰權利的見解，大感茅塞頓開，於是兩人時常談論原住民面臨的各種問題，歐蜜也開始積極參加黨外運動。當時多奧睡在歐蜜的上鋪，他常常懶得爬上去，就與歐蜜睡在同張床上，兩人成為莫逆之交。

歐蜜也曾找慶台一起參與，他認為慶台在社會上處處碰壁的創傷，絕對會成為參與原住民運動的動力。然而，慶台仍在自己的人生道路上摸索前進，他來到玉山神學院，眼前最大目標是要尋找讓自己心境平和的答案，因此接到歐蜜的邀請，他只說：「如果有人欺負你，來跟我說，我一定要他好看！」

兩人的未來目標不一樣，彼此漸行漸遠。

歐蜜很喜歡閱讀作家陳映真創辦的《人間》雜誌，受到深刻啟發，還曾休學一年，跟著陳映真組成的參訪團訪問中國，同行者包括學運人士、長老教會牧師和神學院學生，去傾聽更多不同的聲音。那次參訪，他見識到中國共產黨以政府力量箝制信仰，把不遵從上意的教會視為異端，並將許多少數民族塑造成樣板部落，向他們灌輸統戰思想，讓他深自警惕。

回到學校後，歐蜜加入學生會組織「牧羊會」，擔任總幹事長，繼續推動學生參與社會運動，也積極參與學運，歐蜜是一九九〇年野百合運動最早開始靜坐絕食的九人之一。在當時，玉山神學院承襲了台灣基督長老教會積極關懷社會的精神，是參與野百合運動最積極的學校之一。而牧羊會的會長，就是慶台的弟弟約道。

約道早已不是以往那個黏著哥哥的小男生了。國中時期，約道因為染上腳病而休學，靜養一段時間後，跟著在部落召集人手的漁夫到北太平洋捕撈珊瑚。對方欺負他年紀小，工作了半年，說好給他的酬勞，最後只付了十分之一，還說「你當初沒聽清楚吧」敷衍他，氣得他埋下仇恨的種子。他在台北打了兩年工，後來決定跟著姊姊的腳步，報考玉山神學院，所以他比慶台早兩、三年入學。在學校裡，他充分發揮自己非常知性的特質，飽讀群書，並且專心研究原住民面臨的各種問題。等到慶台入學後，兩人曾一起修讀部落研究課，跟著來自紐西蘭的人類學老師回到老碧候部落原址，感受父母親曾居住的故鄉與歷史。

當時約道的內心很受震撼，他感到原住民文化一直流失，假以時日，也許後來的年輕一輩會失去與老部落的連結。等到聽過多奧在學校發表的民族覺醒言論後，約道與歐蜜一拍即合，兩人時常一起參加社會運動，並且共同改革學生團體「牧羊會」，開創先例。

◇◇◇

曾經有人問慶台：「你為什麼不參加當時的學生運動？」

慶台只是默然。他知道弟弟和歐蜜正在參與黨外運動。談起外界對待原住民的不公不義，他的恨意恐怕不輸給任何人。他曾說，如果需要打架，隨時可以找他。然而，他謹記自己當初來到神學院的原因，記得母親的教誨，希望能在神學教育中找到自己的定位和回饋部落的機會，加上後來與理力結婚，因此沒有參與歐蜜和約道熱中的事務。

但就在他休學後回來的那一年，大事發生了。

學年的前半年換了新任院長，學生間傳聞他的作風較保守，可能會禁止學生再參加黨外運動或散播學運思想。牧羊會成員覺得大事不妙，他們聯合「社會福音派」的老師上書，希望學校能保存現在與時俱進的作風，別再回到過去那種保守的氣氛。學校卻只回覆會再討論，遲遲沒有正面答覆。牧羊會成員知道情況陷入膠著，外頭原住民運動風起雲湧，顯然學校沒有針對這件事進行任何討論。因此開學那一天，他們決定進行集體罷課行動。

那天，慶台回來參加開學，他走進禮拜堂，準備參加開學典禮。

突然有個老師慌慌張張衝進室內，說：「外面聚集了一群學生！他們說，學校如果不處理之前沒有回覆的事情，他們就不參加開學典禮！」

那位老師緊張得說不出話，其他老師們大吃一驚，慌忙趕出去。

慶台走到窗台，看見廣場聚集幾十個學生圍成正方形，各自拿著聖經，為首的一人帶頭領唱，正是歐蜜，約道則站在一旁。他們自行舉辦開學禮拜，不參與學校主持的典禮。

「他們在幹什麼？」慶台大為驚訝，不禁在心裡自問。

慶台氣得抓狂。在禮堂內學生與老師的恐懼眼神注視下，他衝下樓，把禮拜堂的一扇門「砰！」的一聲踹得飛出去，摔落在學生聚集的廣場上，大家都驚呆了。

「林，約，道！你們這些魔鬼的孩子！」慶台指著學生們大聲叫喊。

歐蜜一看是慶台，不理他，繼續領唱。

「林約道！爸媽是這樣教我們嗎？學校是讓你們這樣對待的嗎？學校對你們不好嗎？為什麼這樣對老師？你們和外頭那些爭權奪利的人有什麼不同？」慶台說完就往前衝。

約道見慶台衝來，轉身躲進人群裡。慶台在外面繞著人群不斷尋找，一邊找一邊狂吼。

「林約道！你給我滾出來！」

慶台衝進人群。突然，一隻手把他擋了下來，是歐蜜。

「你……」慶台看著歐蜜堅定的眼神，心情很複雜。當初他們一起走進這裡，他知道好友找到自己的方向，如今兩人未來的方向已經不同。慶台的眼睛泛著血絲，心情複雜，舉起的拳頭打不下去。

歐蜜轉頭安撫其他同學的情緒，不再理會慶台，而這麼一耽擱，約道已經不見人影。

「約道……」慶台恍神了一下。他不知道自己為何這麼生氣，但他看到學生張貼的海報上控訴學校的字句，想起母親，像是又聽到當初自己所背負的咒罵字句。他好傷心、好慌亂，母親日思夜想要他來這個單純的環境，難道這裡的單純終將遠離、消失？

慶台舉起手，繞著人群繼續罵。他的火氣愈來愈大，盛怒間看到弟弟的身影往男生宿舍跑，急忙追上前去。沿途他不斷破壞東西，只要是立著的都被他打落在地上。他闖進男生宿舍，一間一間搜尋，約道則躲在房裡，他不想應付失去理性的哥哥。

「林約道，你到底在哪裡？」慶台把宿舍幾乎翻了一遍。找尋不到約道，他走出大門，滿心焦慮，一股龐大的自我懷疑侵蝕他的心，讓他喘不過氣。於是他騎上摩托車奔馳而去，迎面而來的是一幕幕冷冽的風景。

◈ ◈ ◈

一個星期後，玉山神學院的師長們與學生對談，院長也特別請老師到復興鄉把當時認為抗議失敗而離校的歐蜜和約道請回來。大家達成共識，決定停課一週，全校師生就學校未來和辦學目標及方向交換意見。以後學生可以在學校自由談論民族、政治和社會議題，使得玉山神學院成為培養關心社會議題傳道人的大本營。

一九八八年，教育部宣布刪除國小課本的「吳鳳傳」。

一九八九年，吳鳳鄉正式改名為阿里山鄉。

一九九四年，國民大會修憲，正式將「山胞」改稱為「原住民」。

一九九五年，修正「姓名條例」與施行細則，原住民可在身分證上登記原住民名字。

一九九六年，「行政院原住民族委員會」成立，原住民終於有自己的最高行政機關。

二〇〇五年，頒布「原住民族基本法」，保護原住民的各項權益，原住民的土地改由行政院原住民族委員會統籌管理。

◇◇ 一九八〇年帶的玉山神學院，此時校園裡掀起原住民運動浪潮。

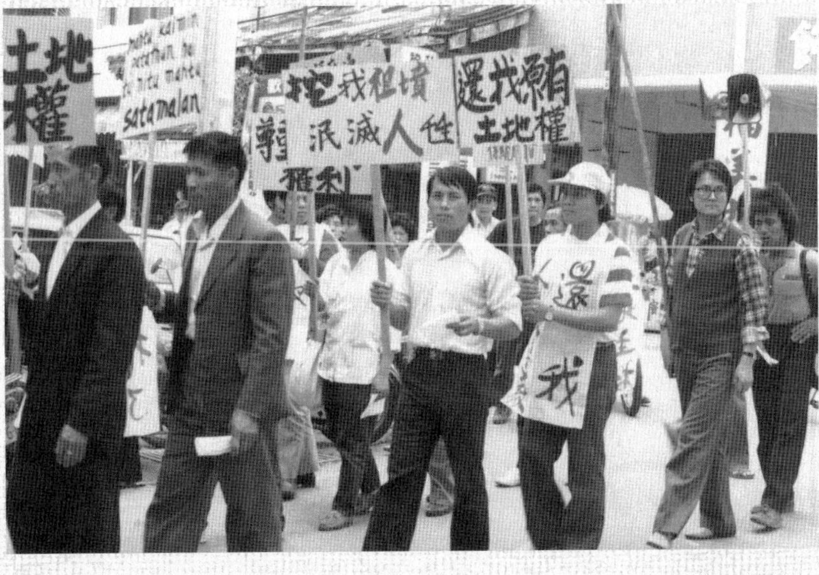

◇◇ 一九八〇年代原住民社會運動景象。（林約道提供）

第九章

失落的三年

【慶台的話】

我畢業時，學業成績不是很好，但工作勤勞，因為我很願意去學習。之前經歷過苦難的日子，那個時候心態變得比較積極。

我的第一份工作是在金岳的教會，很興奮能到教會工作，為神服事。我在金岳教會的工作是看到人的問題，人的問題就是部

落民眾的生活問題，有太多負面的事情沒有改善，我們就從教會為基礎做起，以教會的成員來幫助部落。

在金岳教會工作大概八年，從各方面慢慢把部落發展起來。當然教會的工作和社區的工作各有不同，教會是面對信徒，部落是面對所有村民，而很多的想法和工作必須是大家認可的。剛開始做的時候不是受到所有村民的認可，但漸漸有了成果，大家看到我們為部落做了很多事情，為金岳打下很好的基礎。

後來我有機會到司馬庫斯，那裡也是很多事情必須改變，所以我還是從教會的角度去關心部落。後來發生一些事，其實是我溝通不良造成的。我在司馬庫斯有一段時間很多事處理得不好，大家傷了和氣。其實這是小事情，但牽涉了人的因素和基金的問題，導致很多事情沒有辦法解決，我就離開了。

為了接受這個黑暗、不幸的事件，我必須花時間思考，於是休息了三年。這三年曾想要放棄自己，也想過：啊，為什麼我們在教會做得這麼好，卻發生這種事？我想過不要再牧會了，很灰心，有段時間又開始酗酒。但後來覺得，還好教會規定發生了事情必須停職三年，等於是給我機會好好整理自己的心情。

這三年有很多不滿，內心也很慚愧，最後想通了，覺得放棄自己的理想很可惜，所以三年後又回到崗位上。這段經歷雖然很黑暗，回過頭想想，其實是一段很寶貴的經驗。

玉山神學院的罷課事件告一段落後，慶台再次休學一年，與好友歐蜜和弟弟約道不再往來。一年後，理力勸他應該完成學業，莫忘初衷。

「別忘了，當初追求我的時候，你說以後會當牧師的。」

理力表面上這樣說，其實是提醒他要想清楚自己真正在意的目標。慶台心想也對，犯不著因為這樣的事情與自己過不去，因此便回到學校，繼續念完課程。

畢業前兩年的暑假，慶台接受教會的安排，到部落教會實習。那一年，他分配到的是故鄉碧候部落旁的金岳村。

金岳以前稱為「鹿皮部落」，與碧候一樣，也是從遙遠的中央山脈遷村下來。遷村以前叫做「流興部落」，著名的故事「莎韻之鐘」就是發生在流興；十七歲少女莎韻為了幫日本老師搬運行李，碰到河水暴漲，不幸失足溺水。由於當時爆發中日戰爭，這位日本老師田北正記接獲徵召令準備前往戰場，因此日本總督府將故事擴大渲染，說莎韻協助老師從軍而不幸落水是「愛國行為」，成為「皇民化」的重要教材，還拍成電影，請當時頗負盛名的女歌手李香蘭主演。雖然莎韻的故事受到渲染，鹿皮部落自己人還是喜歡這個故事。

慶台本身與金岳部落也有一些淵源，他的父親彼厚曾經協助金岳遷村和建立教會，而且慶台小時候住在碧候，與金岳只隔著一條南澳北溪，他常和野童們與金岳部落的小孩隔溪叫囂，扔擲石子在溪流上方飛來飛去，打出了感情，也打出深厚的回憶。

當時慶台最要好的朋友是個瘦弱的小男生，叫陳明光，父親是碧候有名的獵人，專門打山豬，據傳無論是放陷阱還是捕獵，沒有哪種動物是他打不到的。陳明光後來也成為很厲害的獵人，但小時候身材瘦小，常被人欺負，每每碰到別人欺負他，都是慶台第一個跳出來幫他解圍，所以陳明光回憶起兒時情景總笑說：「慶台是我的保鏢。」

後來慶台到金岳教會服事，陳明光剛好搬去那裡，成為教會的長老，兩人一直保持很好的情誼。

慶台在實習階段，主要跟隨金岳教會的白宗明牧師。白牧師的家鄉在武塔部落，距離碧候也不遠，他和彼厚一樣，都是南澳地區的第一代傳教師，早年曾和慶台的母親雅朋一起去各地傳教，目前也回到武塔擔任牧師，一生奉獻給教會。所以，他不單認識慶台，也把慶台當做自己兒子看待，非常照顧他。

慶台在金岳教會很受歡迎，他個性積極，也很活潑，與村民培養出深厚的情誼；這個教會雖小，氣氛卻很溫馨。他其實也沒想過自己會這麼認真。他在金岳實習了兩次，實習結束後，村民都希望他可以回來，因為白牧師年紀大了，金岳需要新的傳道人。慶台許下承諾，告訴大家他一定會回來。

◇ ◇ ◇

從玉山神學院畢業後，慶台經由台灣基督長老教會底下的「泰雅爾中會」負責抽籤分發。慶台並沒有抽到金岳教會，而是烏來附近的教會，也許中會覺得他應該透過自己的親身經驗，服務大城市附近的原住民。但慶台希望信守承諾，思考了一個晚上，與理力討論過之後，隔天到處打聽，打電話給分發到金岳部落的同學，希望與他交換。

一般人聽到一定會很驚訝，因為屏除是否想要回鄉服務不談，多數人總希望能到資源較充足、規模較大的教會任職，對未來升遷及資源獲得比較有利。但慶台沒有想太多，同學問他原因，他只說：「就為了一句承諾。」

經由泰雅爾中會居間安排，慶台如願於一九九三年來到金岳，握過白牧師的手，成為金岳的傳道師。

慶台在金岳一待就是八年，在這八年期間，他做過許多大小事情，其中很重要的一件事就是擴建教會。原本的金岳教會是個只能容納二、三十人左右的小教堂，外觀樸實整潔，機能性卻不太夠。慶台來到金岳沒多久，就自己籌措資金購買工具和材料，開始一磚一瓦地擴建教會，以自己最擅長的才能為教會和村民服務。

他認識了南澳路上一間建材行的老闆，拜託老闆以較低的價格賣給他各種建材，老闆看他非常認真、人也很踏實，後來還願意讓他賒帳。無論颳風下雨，都可以看到慶台一個人與教會的夢想搏鬥，希望能增加教會的空間，成為村民們寄託心靈的場所。

金岳教會對面住的是一名退伍軍人，姓陳。國共內戰結束後，他很年輕就隨國民政府來台，與本地女子成親，從此住在金岳，一住就是五十年。由於住在教會對面，陳爺爺每天看著慶台一個人努力工作，他笑著說：「這個傳道好認真啊，他一個人在那裡蓋教會，不管雨天或太陽天都在蓋。而且每次看到我，都會很開心地跟我打招呼，說陳伯伯好！即使他知道我是信佛教的，還是會邀請我參加他辦的教會活動，讓人看了就喜歡。」

慶台雖然努力，收入與付出卻不成正比。為了建設教會，他借了大量資金，從沒有對其他人提起，但傳道收入微薄，加上金岳村民本來就少，有能力奉獻的人不多，讓慶台的財務狀況十分吃緊。相對來說，城市教會的會友們比較有穩定的工作，收入與奉獻也成正比，經營狀況比較好的教會還有正職員工，稱為「同工」，為傳道人分擔許多工作。但是在鄉村部落裡，長老和信徒年齡普遍偏高，而且多半務農，壯年人口則有百分之九十都到外地工作，留下小朋友由祖父母「隔代教養」帶大，過去慶台小時候如此、現在亦是，而且現在城鄉的貧富差距愈來愈大，部落教會很難依賴會友的奉獻。

部落缺乏活力，信仰自然無法凝聚，因此慶台一開始就打算要從自己做起。他的拚命努力，教會長老們都看在眼裡，很感念他的幫忙，即使沒有財力，有空的時候就提供勞力，大家一齊完成教會的建設工作。

經過兩年的辛勤工作，教會的擴建工程終於完成，慶台也開始在社區逐步推展信仰，經常可看到他花很長的時間陪伴村民。

同樣是照顧人群，慶台與村民的相處模式和父親彼厚很不一樣。彼厚因為早年酗酒，深知其害，於是信主後以身作則，禁絕菸酒，對村民抽菸、喝酒也特別嚴格，在路上看到村民抽菸會大聲斥責，樹立起令人尊敬的形象。慶台則比較能體諒村民的心情，他自己年輕時體驗過環境轉變帶來的困頓，很明白村民之所以愛喝酒，很重要的原因是面臨社會快速變遷，內心無所適從。

原住民必須在很短時間內，從傳統的農獵生活和部落文化快速融入現代的工商業社會，以前在部落學習的傳統生活方式，到了外面根本用不上，原本建立的個人能力、自信與民族榮耀，出了部落竟變成落後的象徵，加上語言隔閡和文化差異，年輕人到了外面不受肯定，甚至遭受歧視，只能做粗重工作，完全得不到成就感。於是在深深挫折下，經常藉酒消愁。

慶台很了解這種心理，所以見到人喝酒時，就會走過去與他們小喝一杯，結成朋友，再傾聽他們的想法，然後從同理心的角度提供建議，希望能改變村民的想法。這種做法雖然有爭議，但的確感動了一些人，讓他們開始朝正面積極的方向改變生活。

此外，慶台並沒有把「傳道人」當成高高在上的角色，他和父親一樣以「服務人群」的精神興辦教會。他與社區居民約好一個時間，大家共同打掃部落環境；他養雞養鴨不是自己要吃，而是在耶誕節與重大節慶時分享給村民；他甚至負責「驅魔」，每當有哪戶人家的小孩得了怪病，他就與長老們到孩子家裡誦唸聖經和禱告，平復病家的心情，多半也滿有效。

◇　◇　◇

慶台挨家挨戶拜訪，無論風雨都不辭勞苦執行教會工作，教會的大門二十四小時為村民打開，因此在部落裡逐漸搏得好人緣。然而，這一切卻令一個人離他愈來愈遠，這人就是理力。為了他剛起步的志業和理想，慶台正讓自己的家庭面臨危機。

理力原本在新竹家鄉的教會工作，慶台讀書期間，她一個人照顧一雙兒女，同時處理教會事務。慶台畢業後，她理解丈夫重然諾、懂感恩、比較喜愛部落環境的心情，因此沒有阻止他更換台北地區教會的分發。其實她很希望慶台可以到新竹，一方面與她一起經營教會，另一方面理力家裡的田地很需要人幫忙，假如能和她父母多相處，也許還可以改善關係，但慶台毫不考慮，不想依賴理力的父母親。最終，他堅持信守對村民的承諾，回到金岳。於是，理力毅然辭去教會工作，帶著孩子搬到金岳村。

一開始沒有教會宿舍可以住，慶台擴建教會時，也一併建了牧師館，供全家居住。但後來為了擴大教會的空間，他們搬出牧師館，一家人開始在部落內到處遷居，加上第三個孩子出生，財務十分拮据，家庭生活面臨考驗。

由於入不敷出、借貸一大堆，理力為了分擔家計，每天必須騎著摩托車出去工作，卻看著慶台不是埋首在教會，就是與村民混在一起談天說地，不然也是在自己建的工寮裡養雞養鴨，完全不管小孩。她為了慶台放棄自己的教會工作，搬到遠離家鄉的地方，自以為內心已經做了一番調適，結果來到這裡之後，發現慶台的心裡只有教會和村民，簡直是棄自己與小孩不顧，她的怒火逐漸升到頂點。

她不禁心想：「我為你放棄了一切，你又為我做過什麼？」

理力很坦白地說，她有段時間不斷埋怨慶台，甚至詛咒他生病或倒下不能工作，她就可以帶著一家人回到自己家鄉，不再過苦日子。或者假如能到大城市的教會，會友奉獻多、資源充足，同樣是投入教會工作，家庭生活也會比現在好很多。當初理力希望慶台成為牧師，心中的期望絕對不是像現在這個樣子。

有一天，她又惡狠狠地在心裡抱怨慶台；那天晚上，她夢見自己遭到一群面目猙獰的鬼靈瘋狂追趕，她拚命跑，就在快要逃不過時，有個人衝出來保護她，對她說：「別害怕。」

她瞪大眼睛一看，那人不是別人，就是她每天怨恨的丈夫慶台。

對理力來說，這彷彿是一種啟示。她不禁回想起，當年就是因為慶台的一場夢中婚禮，他們才會認識，她固然感謝上帝的安排，但心裡多少還是半信半疑。沒想到自從開始怨恨慶台後，她愈來愈常夢到慶台解救她，這讓她不得不開始相信兩人命中注定的緣分，也漸漸從另一個角度思考慶台目前所做的事。最後她下定決心辭去工作，開始協助慶台經營教會。

夫妻倆攜手建立教會課程，慶台負責主日敬拜和社區工作，理力則開設兒童主日學及婦女班。他們繼續與長老們定期舉辦部落打掃活動，並帶領村民種植小米、香菇和花生，一方面建立新的部落生活秩序，同時開拓各種可能的經濟模式，讓村民的生活更上軌道。每到耶誕節或節慶日時，村裡就會變得很熱鬧，教會舉辦慶祝活動，村民自己準備節目登場，逐漸恢復以前部落生活的「守望相助」精神。

慶台認為，原住民即使不去城市工作，留在家鄉的大自然懷抱裡，依舊可以藉由自給自足的模式穩固部落生活，甚至建立新的農產作物銷售管道，這樣一來傳統文化就有機會傳承下去。他也透過教會活動協助村民充實精神生活，牧會即牧心，心與自信強健了，就可以在現代社會中走出自己的一條路。金岳教會在他們的用心經營下，從原本只有十幾名會友的小教會，擴展至近百人的中型教會。

時間匆匆，八年過去了，慶台又有兩個孩子出生，一家人的生活還是經常入不敷出，但教會工作漸漸上軌道，夫妻倆覺得時間差不多了，希望換個地方，將所學與經驗貢獻給其他教會與社區。慶台向泰雅爾中會提出申請，當時在中會擔任總幹事的弟弟約道得知他的申請案，在電話那頭對他說了一個很遙遠的地名。

司馬庫斯。

◈　◈　◈

司馬庫斯是台灣最偏遠的部落之一，位於新竹縣尖石鄉後山高處，是個距離山下最近城鎮也要三小時車程的地方。早年因為常與同為泰雅族的另一個部族發生戰爭，日治時期一度遷村，但二次大戰之後，居民再度遷回原住地，因此與大多數部落不同的是，他們一直住在祖先所住的地方，這對族人有重要的意義。直到一九九五年，司馬庫斯的對外道路才開通，不過長老教會早在一九五〇年前後便已進入部落傳福音，是由葉廷昌牧師一步一腳印走進去的，而慶台是第十一任傳道師。

他很感謝弟弟為他接洽新教會，兩人過往的衝突已漸漸弭平，但約道第一次開車載他去司馬庫斯時，他還是忍不住罵道：「怎麼會有這麼遠的部落啊？」

但一到那裡，司馬庫斯接近原始的氣息很快就吸引他。他下車沒多久，講的第一句話居然是：「這就是我想要待的地方！」

在部落裡走了幾圈，慶台心想，時代變遷和政府的政策拉遠了許多原住民部落居民之間的感情，大家為了工作鬱鬱寡歡，也失去守望相助的部落精神。但在司馬庫斯，由於遠離城市，還能保持與老祖先一樣的許多生活方式，有時會覺得，時間在這裡好像幾乎沒有前進。

深愛大自然的他覺得自己彷彿再度回到山林的懷抱，回到祖先建立家園的環境。這裡的自然環境和人文風情，都還保存著舊時代的部落特質，族人互相幫忙，有東西大家共享，這正是慶台在金岳部落一直積極推動的生活模式。投身原民運動的青年在外奔走，為原住民爭取現代社會的基本權益，而慶台則是懷著另一種使命，致力於社區奠基工作，為了延續族群文化和提升生活品質而努力。

慶台於二〇〇一年到任，而前一年，司馬庫斯族人就曾開會討論部落的未來。大家認為此地位置偏遠，如果多數族人都前往城市工作，部落很快就會凋零沒落。但是他們深愛自己的家鄉部落，以及祖先留下來的智慧、文化與美好的山林，如果遭到現代化經濟模式的取代而消失，實在太可惜了。於是他們決定建立一個很有意義的管理方式，有點像過去的部落經營模式，也類似社會主義的合作農場，設立九個部門：農業、工程、文化教育、經濟、研發、人事、環境資源與餐廳民宿。九個部門都有適合的族人專職負責，所有收益也由參與的族人平分共享，等於是以部落為單位的小型企業體。當初發起這種「集體合作營造部落」的頭目倚岕・穌隆就說，部落議會討論出這個方式，便希望族人可以不用遠離家鄉工作，可以在部落裡養育自己的孩子，傳承自己的文化。

於是，司馬庫斯族人學習祖先的共耕共獵生活，以部落社區為一整個生產單位，這樣比起各自耕種的收成量要大得多，也能獲得夠多的收入，維持整個部落現代生活所需。如今，大約七成的司馬庫斯居民加入這個組織，共同耕種小米、蔬菜和水蜜桃等重要農作物。此外，司馬庫斯最重要的自然資源就是後山的原始森林，這片分布於海拔一千五百到兩千公尺的山區，擁有豐富的紅檜與扁柏等各種珍貴林木，更有許多年代久遠的神木，是非常重要的觀光資源，因此居民們一起維護山林資源，並以很有組織的方式共同經營民宿和餐廳，歡迎外界前來體驗司馬庫斯的自然風光，而全部收入由居民一起分享，這種特別的生活模式在司馬庫斯經營得相當成功。

慶台加入這個環境時，村民問他有沒有什麼需求，他只說：「給我一間工作室吧！」他在司馬庫斯再度發揮建築長才，與村民一起興土木、建設傳統瞭望台，這是傳統泰雅族部落必定設置的公共建物。慶台也開班授課，教導村民學習木雕技術；這項技藝是他在金岳部落時期去向屏東的排灣族朋友學習的，從此愛上木雕，他學得一方面可以磨練心性，另一方面透過與死去樹木的相處，讓他悟得一些人生哲學。

此外，他設立了「泰雅爾司馬庫斯社區發展協會」，一方面協助推動部落內的事務，定期召集熱心的族人討論永續經營的議題，像是教育文化、交通、衛生、傳統生態知識等，另一方面與外界建立溝通橋梁。慶台花了不少時間思考社區的發展經營模式，在金岳社區實行得頗有成果，來到司馬庫斯也協助此地發展部落自治，占有舉足輕重的地位。

◈ ◈ ◈

然而，不知是否命運弄人，慶台很快就經歷了他牧會生涯最重大的挫折。司馬庫斯，這個他最嚮往的部落，最後把他推進黑暗的深淵。

慶台來到司馬庫斯的那年暑假，有一個社會福利機構想要幫助司馬庫斯的兒童接受更好的教育，捐助了十五萬元的愛心捐款，作為兒童的獎助學金。

他們把這筆捐款交給慶台，相信以他對部落的用心，必會全數投入兒童教育資金。但當時慶台心想，這筆捐款其實可以有更長遠的用途。

當時司馬庫斯才剛開始發展「集體合作營造部落」，居民尚未投入全部精神，大家還過著清苦的生活。另一方面，由於這裡地處偏遠，政府一直希望把全村遷往山下方便管理，過程中甚至用盡各種手段，因此居民必須盡早建立穩固的經濟基礎，才有充分的理由緊守家園。那麼除了耕耘農林產業，以及發展觀光帶來人潮獲得延伸而來的住宿、餐飲等相關收入，司馬庫斯還能有哪些發展的可能呢？這是慶台一直深思的問題。

當時一切尚處於草創階段，沒有什麼資源，慶台看著眼前的十五萬元捐款，心想，假如能先調撥其中一半加強發展本地的傳統工藝文化，以之多賺取一些觀光收入，之後再將盈餘投入教育甚至更多方面，不是很好嗎？

於是慶台默默打定主意，決定先試行看看；身為傳道人，他希望以身作則，得到成果再帶領村民持續發展，因此沒有向教會長老報告這項計畫。他將其中一半交給即將開學的學校支付小朋友學雜費用，其餘的則用來購買材料、興建他理想中的工作坊，準備開辦更多文化課程。他甚至跑到山下，四處尋訪深具傳統風格的泰雅族手工藝品，陳列在工作坊中，不但可讓村民觀摩練習，也提供給觀光客選購。他還循著金岳模式養雞養鴨，一方面給村民食用，另一方面提供給部落的觀光餐廳，獲取更多收入。

結果，這件事情很快就有教會長老發現。本來只要把用意解釋清楚就沒有問題，不巧的是，當時慶台也因為經營理念的差異，與一些居民溝通不良，相處得不愉快。兩件事情同時爆發，所有矛頭指向慶台，使他變成眾矢之的。

在部落會議上，本來多數長老聽完慶台的想法決定先支持他，等他賺進足夠收入再歸還款項就好。但其中一位長老獨排眾議，強調慶台私自挪用捐款，未與村民討論，這種行為已錯在先；而且不管慶台有何想法，能不能真正獲益還很難說，其實本質就是挪用公款。

「這種會挪用愛心捐款的人，不配當傳道人！」

聽了那位長老的嚴厲指責，慶台激動得說不出話。加上當時部落發生的各種問題，性格剛烈的慶台無法忍受自己的善意受到惡意指責，一天晚上，他憤而跑出部落，連夜下山，即使經過竹東也沒停下來告知住在那裡的太太理力，從此人間蒸發，沒有人知道他去哪裡。

泰雅爾中會很快就發現這件事情，他們向理力打聽慶台的下落，但是連理力也不知道，她甚至不知道丈夫離開了司馬庫斯。理力心急如焚，到處打聽慶台的消息，終於得知他跑去烏來的一處生態農場工作。

其間，泰雅爾中會不斷發出訊息，要求慶台返回中會說明離開的原因。慶台當然知道自己運用經費的處理方式不好，然而眼看中會只是緊抓著缺勤問題不放，根本不是想要好好解決事情的爭端，他氣得心灰意冷，遲遲未出席報告，一延宕就是一個月。

一個月後，中會發出最後通牒，並派出協調官到司馬庫斯。慶台其實也希望可以解決問題，終於跟著協調官回到司馬庫斯，開始接受調查。

令人意想不到的是，協調官不分青紅皂白就認定慶台刻意怠忽職守。慶台聽到謠傳指出，協調官已經想推薦另一位牧師到司馬庫斯牧會。最後中會下達命令，將慶台停職三年。

先前在金岳教會努力工作八年，累積了豐富的牧會經驗，慶台本來想在司馬庫斯好好發展的心願，從此陷入冰點。

「其實，後來司馬庫斯有很多長老都跑來對我說，當年不應該這樣對待慶台……」回憶起那段往事，慶台的弟弟約道感慨地說：「我哥哥其實想得很遠，他知道司馬庫斯長期受到遷村的壓力，村民又少，唯一能賴以維生的方式就是觀光，所以他一直不斷思考，希望在資源匱乏的情況下努力擴充觀光資源，想辦法讓居民過得更好。可惜的是，當時他的做法還沒有辦法獲得諒解。」

慶台原本懷著極大的熱情走入司馬庫斯，此刻卻帶著這般冰冷的言語走出雲霧縹緲的山村。他的人生彷彿陷入漫長的永夜。

◇
◇
◇

不久後，慶台告知理力，他決定回到南澳。理力為了孩子的學業，又在新竹待了一年，等到學期結束再為孩子們辦理轉學。由於慶台失去工作，家庭頓失經濟支柱，面臨龐大的壓力，理力鼓起勇氣打電話給金岳教會，希望自己能回去從事教會工作。金岳教會長老討論之後，歡迎理力再度回到金岳大家庭。

然而，等到夫妻倆終於再見面，理力發現慶台整個人都變了……

有人說，有個曾經當過傳道人的瘋子經常在南澳地區與人發生爭執；有人說，那個瘋子酒後在路上與人擦撞，把別人拖下來痛打一頓；也有人說，看過他喝了酒在郵局大發酒瘋，嚇壞了在郵局辦事的所有人。慶台先前建立起來的自信與平靜的心已經遭到徹底摧毀，整個人意志消沉，一蹶不振。他拿在手上的不再是聖經，而是常常半空的酒瓶；他嘴裡說的不再是鼓勵的字句，而是罵人的話語。那段時間，理力每天送飯給慶台，看著他總是把自己關在工寮裡，不時喝得酩酊大醉，卻苦無辦法。

但走進他的工寮，可以看到一塊大黑板，那裡曾是他教村民雕刻手作的地方，黑板上用大大的字寫著「上帝會疼努力之人」。工寮內的橫梁到處可見他刻的小字，像是「成功之前必有艱辛之路」，還有許多很深的刀痕，可見慶台曾在這裡經歷過多麼激烈的掙扎。

理力看不下去，只要有機會就幫他介紹工作。他持續創作木雕，曾得到宜蘭木雕比賽第一名；他也接下部落的文化工程案子，帶著族人建立金岳和碧候一帶的瞭望台，還在南澳國小蓋了一座泰雅文物館，隱身在校舍間，一走進去就能感受到不同於水泥建築的文化氛圍。

南澳高中的一位主任便說：「其實慶台傳道師還是很有心要扶植部落的文化，只是那段時間真的是他人生的低潮。」曾經賒帳給他的建材行老闆也說：「我沒看過這麼認真的人，他把自己的一切都投入社區營造。」

但回想起那三年，慶台的大女兒和大兒子最記得的就是父親的恐怖身影。他們說：「當時的爸爸好可怕。」

就像當年的彼厚從戰場上回來一樣，慶台彷彿也產生創傷後壓力症候群。

對慶台來說，「傳道人」這個職業是父親生前的期許，也是母親一生的期待。他總記得小時候躺在星空下，聽著母親在門外禱告，希望他能夠成為牧師。長大後，歷經外面社會的許多不如意，在心力交瘁、意志消沉的時候，幸虧有姊姊的勸導，他彷彿受到召喚，毅然報考神學院，讓當時最要好的朋友歐蜜大感吃驚；而當年只是去陪考的歐蜜，如今也在神學中找到自己的方向，不但投入社會運動，還擔任台灣基督長老教會總會幹事。

經歷金岳的磨練，慶台來到司馬庫斯，這是最接近祖先居住的地方，端坐在雲霧之上，像是上帝的部落、泰雅人的故鄉，太陽出來時彷彿讓人們踩在腳下。那裡是他這個天生的原住民畢生嚮往之處，現代社會像是被擋在外面，唯有這裡的人們生活在福地，與外界無涉。

然而短短一夜之間，所有一切都消失了。慶台很氣，他氣自己為什麼沒能符合母親的期待？氣自己為什麼被停職三年？自己爭取的一切到底有沒有意義？「我知道自己的確應該先與族人討論，是我沒有處理好。但是大家為什麼不相信我？每個人都知道生活不易，那麼不是應該團結在一起，才能創造更好的機會面對種種狀況嗎？」

慶台很氣，氣政府睜一隻眼閉一隻眼，就像過去在拉拉山的巴陵部落一樣，還是有少數村民結合外地人的力量，牟取巨大的利益，但最終獲利的都不是族人，這也是慶台與一些村民發生衝突的原因。如今不管怎麼說，理想遭到踐踏而消失殆盡，雖然慶台告訴自己要為他們禱告，祈求上帝能保守那些族人，但他最終的疑惑是：自己的信仰到底能不能堅持下去？

他常常想起母親臨終前對他說的話：「以後你擁有什麼，都要分享給家人和朋友。」母親給他那麼多的愛，讓他無論面臨多大的挫折，依舊對世間抱持善良的想望。他才想要像父母一樣努力實踐信仰，期望把信仰帶往更多地方，找回原住民最美好的一面。

母親的話言猶在耳，然而信仰的失落、面對環境的無力感，卻將他打落到人生的谷底。

◇ ◇ ◇

三年終於過去了。慶台的停職令解除，理力與幾位長老特別為慶台提出申請，讓他回到金岳教會服事，在這裡第二次展開牧會工作。理力則投入「金岳部落社區發展協會」，擔任總幹事，專心發展社區對外的連結與對內營造。一切似乎回到原狀，但了解內情的人都知道，經過那三年，慶台好像變得有點不一樣，性格似乎更加深沉，也更加憤世嫉俗。

時光倏忽過了三年。有一天，一輛車子開進南澳火車站，外頭下著毛毛雨。車子停妥，有個人走下來，這時雨剛停，天空出現一道彩虹。那人回頭望見，驚喜地「啊」了一聲。

他是魏德聖導演。

◇◇ 慶台在金岳部落八年期間，初期的工作就是擴建教會。

◇◇
慶台於金岳教會牧會時期辦理兒童夏令營。

慶台在司馬庫斯牧會期間，開班教導村民學習木雕。

慶台在宜蘭木雕比賽獲得第二名的作品「宜蘭椅」。

慶台在許多部落建造瞭望台，圖為他於司馬庫斯牧會時期所建。

第四部

因為有雨，所以彩虹

第十章

隨著彩虹來的漢人

【慶台的話】

魏德聖導演第一次跟我們見面的時候，我就覺得他很有心要把這電影拍好，而且非常重視莫那．魯道這個角色，他一直很謹慎，到每個地方都在尋找適當的人選。他透過我弟弟介紹我幫他找演員，所以他來到我家，我們有很多對話和溝通，我發現他對這電影的背景知道得很多，所以我們彼此鼓勵。

後來他問我是不是也可以參與，當時我沒有辦法接受，因為不知道自己能做什麼，根本沒有辦法想像，而且覺得萬一做不好會搞砸。不過他一直強烈鼓勵我，所以我們有很長一段時間來回溝通，最後我想說不然嘗試看看吧，終於答應他拍這部電影，跟他一起合作。

也因為很多原住民部落都知道要拍這部電影，很多同學打電話給我，說有一部電影要拍，他們知道我在學校裡算是很火爆，大家都說你最適合演這個，而且如果你去的話，一定會是演那個頭子。不只是同學，連我太太也鼓勵我，說去演看看嘛，搞不好會變成大明星！我當然知道她其實是覺得透過這樣的機會，也許可以為族人做一些事。

二〇〇八年，一輛駛向屏東恆春的摩托車在電影院造成一股熱潮，它述說著台灣人遺忘已久的故事，也喚醒了台灣電影遺忘已久的熱情。那是魏德聖導演拍攝的電影《海角七號》，描述一個失意的樂團主唱離開台北回到老家恆春，因緣際會當上郵差、與一群肉腳組成樂團，也意外發現七封塵封已久、找不到地址的信件。小人物的失意與夢想，搭配濃濃的台日歷史情懷，熱血的故事引起廣大迴響，獲得極大成功。

《海角七號》意外的成功，讓魏德聖有機會實現構思多年的一個題材，是以一九三〇年的「霧社事件」為背景，講述一群賽德克人信仰祖靈、燃燒靈魂與身軀對抗強權的故事。

賽德克族與泰雅族應屬相同祖先的不同分支，早年因為兩族的習俗、紋面、服飾、獵首等文化的相似度極高，人類學者將他們劃歸為同一族群，其實兩族的語言早已隨著祖先分支發展成彼此不相通，因此近年正名為不同族。然而，兩族的神話故事仍有異曲同工之妙。賽德克族的聖山為白石山，信仰「石、樹生人」的起源傳說，相傳祖先誕生地為白石山上的巨岩「波索康夫尼」，現稱牡丹岩。泰雅族與此類似，只是有些語系認為祖先誕生在聖山「大霸尖山」，有些則認為發祥地是今天南投縣仁愛鄉發祥村瑞岩部落附近的「賓士博甘」，不過都信仰祖先誕生於巨石的起源傳說。

此外，兩族都信仰祖靈，認為死後靈魂必定會回到祖靈居住的地方，而紋面是有資格回歸祖靈之家的標記，男子要能獵首、女子善於織布才可以紋面，死後憑這個標記跨越祖靈橋（賽德克族稱 Hako Utux，泰雅族稱 Hongu Utux，兩個字都是指「彩虹」），回到祖先所在的地方。

一九九七年，魏德聖在電視上看到原住民靜坐爭取「還我土地運動」的新聞，新聞中

「霧社」這個地名讓他想起小時候讀過的「霧社事件」。他到書店翻查資料，看到漫畫家邱若龍繪製的歷史漫畫《霧社事件》，大為驚嘆。他心想：「這是史詩啊！台灣有這麼好的故事，為何沒有人把它好好說出來？這樣的精神力量應該要讓更多人看見！」

他先寫了劇本，獲得新聞局優良劇本獎，故事取名為《賽德克．巴萊》（*Seediq Bale*），Bale 在賽德克語的意思為「真正的」，Seediq 則是「人」的意思，因此「賽德克．巴萊」的意思是「真正的人」，也就是指賽德克人經過紋面才是「真正的人」，才能於死後跨過祖靈橋，與祖先相會。

由於這是需要相當資金的史詩電影，魏德聖在二〇〇三年先自掏腰包拍了一支五分鐘短片，希望引起注意，籌募拍片資金。短片裡的賽德克戰士從後方追趕日本人，跑到前方回手一刀，伴隨著祖靈刀風，至今令人記憶猶新。然而國片的長年蕭條令投資人卻步，經費籌措困難，《賽德克．巴萊》只得暫時擱置。後來魏德聖先拍《海角七號》，沒想到大大成功，他把結餘的票房收入全數投入《賽德克．巴萊》的籌備工作，準備跳起英雄戰舞。

◈ ◈ ◈

拍攝《賽德克．巴萊》面臨諸多挑戰，除了資金、技術，還有一大重要問題，就是選擇適合的演員。由於片中戰爭場面盛大，為求動作逼真、臉孔神似，魏德聖決定每一個原住民角色都要邀請原住民來飾演，而整個事件的領袖人物「莫那．魯道」更是其中關鍵。魏德聖心目中的莫那．魯道除了有原住民的英雄臉孔、凌厲的眼神、矯健的身手，還要有天生的領袖氣質，這不是職業演員學習得來的，因此他與工作人員開始尋訪全台灣。最初他希望找到賽德克族人飾演莫那．魯道，但賽德克族人數較少，於是範圍擴大到整個泛泰雅族群，連同泰雅族、太魯閣族一起尋找。

經過數個月的尋尋覓覓，有一天魏德聖來到花蓮，拜訪玉山神學院，希望可以透過教會系統幫忙舉辦試鏡活動，找到更多適合的原住民演員。當時已離開泰雅爾中會幹事職、回到神學院擔任教師的約道聽過魏德聖的需求後，直接就說：「我有一個哥哥在南澳當傳道師，我想他會符合你的條件！」

魏德聖看著約道的長相，心想：「其實你的型真的很不錯，體格壯碩，只可惜長得慈眉善目，少了一點霸氣。你哥哥應該和你一樣慈祥，沒有霸氣吧？」

魏德聖一時之間不置可否。約道又說：「你可以去找他，他也可以幫你尋找演員？」魏德聖覺得認識一下也好，或許之後可請慶台幫忙安排村民試鏡，所以拜訪完玉山神學院之後便驅車前往南澳。那天，魏德聖等人來到南澳火車站，他下車去上廁所，外頭下著毛毛雨；走出廁所時，天空出現一道彩虹，他不禁心想，真是個好兆頭。

車行前往金岳部落時，他們幾乎像是從彩虹底下穿過去。事後回想，大家都感到很不可思議。

按照約道所說的地址，眾人來到金岳部落，想和約道的哥哥先見個面，商量尋找演員的方式。

一見到慶台從工寮走出來，魏德聖整個人震了一下，接著說：「你就是林慶台嗎？」他心裡真正想到的，其實是莫那．魯道。

◇
◇
◇

前一天晚上，慶台先接到約道的電話，說今天會有一位導演來訪，而且是拍攝《海角七號》的導演，他回道：「什麼海角七號？沒看過也沒聽過。」

說完他心想，林約道你這不是給我找麻煩？不過既然這人有心來拜訪原住民，他想說就盡盡地主之誼，順便看看這導演的葫蘆裡到底賣什麼藥。

當時是二〇〇九年，慶台已恢復傳道人身分，在金岳教會繼續服事，理力帶領的社區發展協會也漸上軌道，整個金岳瀰漫著欣欣向榮的氣氛。但事實上，慶台並未完全從先前的黑暗中走出來，雖然教會的處分已經解除，他恢復傳道身分，那好像只是原諒他的外在過失，至於自己內心恪守的信仰究竟是否值得相信？他還在尋思。

由於仍有滿腔的憤怒，對平地人又有一股本能的恨意，慶台心想，這導演若是來騙我們原住民，可沒那麼容易得手。

當天，慶台準備了一桌山產菜餚，等候導演到來。見到車子開進院子，慶台走向前自我介紹，他看到攝影師秦鼎昌以為是導演，兀自上前握手打招呼說：「導演，幸會！幸會！」場面頓時一陣尷尬，秦師傅很不好意思地向慶台介紹：「旁邊這位才是導演。」

慶台心想：「我以為這是工作人員，導演不是應該都長得很高大嗎？」

但魏德聖一點也不在意，他一直盯著慶台，心想：「這男子殺氣好重，與弟弟完全不一樣。他真的是傳道師嗎？感覺……很對！」

其他工作人員本來想請慶台先帶他們逛逛部落，順便看看有沒有適合的演員，但早已準備好午餐的慶台霸氣十足地說：「先吃飯！」一行人就這樣半推半就地走進屋內。

慶台一進門就請魏德聖等人上桌，也沒讓他們選擇，自己先帶起禱告。禱告結束後，自顧自地請他們吃醃肉，一見每個人面有難色，慶台心想：「連我們的肉都不肯吃，還拍什麼原住民電影？」於是他開口說：「至少吃一塊，這是禮貌！」

大夥兒連忙動筷子吃起來。席間，魏德聖不斷對他解釋拍攝這部電影的構想，以及霧社事件的起源及事由。慶台只回說以前在小學歷史課本上看過，應付地聽一下，就走去廚房舀湯。然而在這期間，他感覺到有雙眼睛一直盯著他。

魏德聖第一眼看到慶台，就覺得他整個人的感覺很像莫那．魯道，唯有身高不夠高。由莫那．魯道的遺骨測量，身高達一九〇公分，而慶台僅約一七六公分，氣勢有了，但真實性不足。不過自從慶台帶禱到強迫大家吃醃肉，魏德聖以他有如電影鏡頭般的犀利眼睛，不斷從各個角度檢視慶台的眼神和神情，直呼：「這就是我要的莫那．魯道！身高也許可以靠技術克服，霸氣的感覺卻不是可以刻意營造的！」

於是那次拜訪後回到台北，魏德聖立刻請選角指導無論如何都要說服慶台演出。

臨走前，慶台向大家推薦一位老家在附近澳花村的砂石車司機，名叫大慶。就在出現彩虹的那一天，青年和中年莫那．魯道都出現了。

◈ ◈ ◈

慶台結束招待後，原本打算回歸正常生活，但幾天後他接到一通電話，是個女生的聲音，她叫李秀鑾，說自己是選角指導。

自從《海角七號》拍攝期間，阿鑾便與魏德聖合作，很年輕就開始擔任選角工作。她五官深邃，在原住民眼裡是個「漂亮女孩」。拜訪南澳那天，她與導演走不同路線尋訪演員，導演找到的演員都拍照留下紀錄，回到台北再與阿鑾討論，決定了人選就請她去邀請。導演見過慶台後回來便不停叮囑阿鑾，說這個人有可能就是莫那．魯道，務必請他來演出！因此阿鑾開始經常造訪南澳，除了遊說慶台，如果有合適的其他演員也一併找去試鏡。

阿鑾經常開著一輛白色小轎車，跑遍北台灣各大部落，看到合適的人選就停下來與他們攀談，溝通技巧非常厲害。但她才與慶台溝通幾次就暗暗叫苦：「這個人怎麼那麼固執！」

慶台第一次見到阿鑾的時候，心裡則是想：「這導演還想用美人計來對付我！」那段期間慶台很頭疼，因為阿鑾三不五時打電話來，不斷對他說導演很中意他，希望他可以演出，或藉口請他幫忙找演員而與他接近。但慶台對這些不熟悉的商業行為本來就非常排斥，根本沒想過要答應，能見面已是個意外，更別提參與演出，於是不斷拒絕她。慶台覺得很沒力，心想：「這群人到底想怎樣？就非我不可嗎？」

事實上，同樣在那段期間，慶台還參與另外一部電影的製作，是由同為金岳村居民的陳潔瑤導演所拍攝的《不一樣的月光》。

《不一樣的月光》是以「莎韻之鐘」的故事為底本，講述一群想拍電影的人來到金岳村，認識了莎韻的故事，也與當地人培養出感情。由於陳潔瑤的預算非常有限，全片幾乎由金岳村當地人協助拍攝，像是慶台把家裡的家具和空間都借出去，還協助規畫路線，幫忙回到老部落「流興」拍攝畫面，幾乎可說是半個製片人。慶台在這部片裡也參演一個角色，就是他本來的職業傳道師。短短兩分鐘的鏡頭NG很多次，讓他直呼「這簡直是要人命的事情」，所以更不可能答應演出《賽德克．巴萊》。

然而，有一個人非常鼓勵他參與，就是太太理力。理力不斷鼓勵他：「我覺得這導演和選角的人很有誠意，況且我們本來就是希望為原住民做事，不論你演哪個角色，到時候只要電影放出來，有一點影響力，也等於是幫助我們自己想要做的事。我覺得你應該去一下。」

慶台聽了總是氣呼呼地叫她不要再講，不過理力常看到阿鑾開車闖進來，沒講幾句話又被慶台轟回去，覺得這個劇組的人真的非常有心，心裡暗自打算幫忙推丈夫一把，於是漸漸地，慶台的心意終於開始動搖。

一次，阿鑾再度來到金岳部落，這次她的態度和先前很不一樣，一見面，聽到慶台又不答應，哇的一聲就大哭出來。「求求你一定要跟我回去演戲！導演真的很中意你！你如果不答應，這次我就不走了！哇……」

慶台看她哭得很傷心，大為驚訝，心想這到底是什麼了不起的電影？需要哭成這樣嗎？

理力順勢在旁邊說：「你就答應她吧，她這麼有誠意！」

「你住嘴！」慶台大聲罵理力，然後轉頭對阿鑾說：「你要哭的話就哭吧，我是不會去演的！」看似依舊毫無轉圜餘地。

當天晚上，慶台想了又想，決定打電話給當初鼓勵他前往神學院念書的推手，也就是姊姊明禮，向她報告這件事。明禮在電話那頭聽到慶台可能會去演電影，好奇地問：「你又不是演員，而且你在牧會，當然應該以教會的工作為主，不是嗎？」

其實慶台已經受到阿鑾與理力的影響，他透露自己有參演的意願。明禮問他原因，慶台說：「決定演出不是為了我自己，我是希望原住民有機會在更多地方讓大家看見。」

明禮聽了這句話大為感動。她想起弟弟一路走來的坎坷，以及他那顆善良的心，很能了解他為何會這樣想。於是她只說：「好！我們全家人都會為你禱告，但是等到結束時，別忘了你最應該做的事。」

慶台又向哥哥志陽和弟弟約道報告，堅定參演的決心。之後，他打電話給阿鑾，阿鑾開車載他去台北與導演見面。

在路上，阿鑾對慶台說：「你是傳道人喔，要守信用，不可以騙人，一定要演出！」兩人在車裡手打勾勾約定好，相視一笑，這恐怕是慶台第一次與漢人勾勾手。

先前遭到停職三年，慶台過著潦倒的生活，他一直在苦等一個機會，證明自己堅持的一切都是有價值的。早在國中時期，他曾夢見一個紋面老婆婆對他講話；後來每每遭遇困難，老婆婆就會從夢中出現，但他一直不懂那是什麼意思。十九歲那年在台北工作時，他也在工地遇過鬼靈，當時他大聲唱歌，直到太陽升起，毛骨悚然的感覺就消失了。他一直有這種感受命運的能力，很像是與祖靈的溝通和對話；夢見老婆婆和遇見鬼靈的經歷，讓他相信也許有些事情早有注定。只是他從沒想過，一直苦等的機會竟然會從漢人手中帶來。

於是，他抱著姑且一試的心情，向泰雅爾中會請假，前往台北參加演員訓練，心想自己根本不會演戲，應該只會得到小角色吧。三個月的訓練期過去了。分發角色時，魏德聖對慶台說：「你飾演的是中年莫那．魯道。」

慶台整個人差點跌坐在地上，心想：「怎麼會是我？這麼吃重的角色啊！」

那時，只見窗外天上的彩虹消失。一陣大雨過後，太陽出來了。

◇◇ 電影《賽德克·巴萊》公布角色的緊張時刻。（果子電影公司提供，黃采儀攝影）

◇◇ 慶台最終決定參與電影演出，目的是希望原住民有機會能在更多地方讓大家看見。圖為二〇一二年三月慶台參加高雄「賽德克．巴萊電影交響詩音樂會」。（曾子昂提供，張致凱攝影）

第十一章

真正的人

【慶台的話】

這部電影上映之後，我們會發現，最大的啟示就是人與人的相處，不一定要用那麼激烈的方式。

日本人在台灣統治原住民的手段和方法，有些方面是很不人道的，導致很多原住民激烈反撲，或是在零星的地方發動混亂和戰爭。這部電影告訴我們，日本人擁有強大的武力，原住民只有刀和弓箭，看起來似乎沒有辦法匹敵，但事實上，精神方面的力量是很強大的，日本人的武器再怎麼先進，也不見得打得過信仰堅強的原住民，這給弱者很大的啟示：只要你有心，還是有可能打敗強者。

另外，電影也讓我得到另一個啟示，人與人相處就是要互相尊重。像是在台灣，不管是本省人還是外省人、原住民還是新住民、有錢人還是窮人，大家難得有機會生活在同一個地方，應該要好好相處，彼此尊重才是最基本、最好的相處模式。

二〇一一年九月，《賽德克．巴萊》在高雄巨蛋舉行萬人首映會，已經上映的上集以及還未放映的下集，將在同一場合連續放映。此舉無論是規格還是做法，都是史無前例。

早晨九點，周邊交通開始管制，每個重要出入口都有交警手持指揮棒，管制往來車輛。距離場館五公尺的周圍搭設了許多攤位，販賣電影周邊設計商品和多款T恤。背景播放著電影配樂，而周邊人潮往返，平均每十分鐘就有一人停下來觀看旁邊一座碩大的裝飾品，那是花費將近五百萬元所打造出一比一等比例的「乙式一型」偵察機，從搜集資料、拼裝上千個組件加上塗裝期，總共耗時三個月，造出一架可以發動引擎、可以前進、只差不能飛行的戰機，讓觀眾近距離欣賞精心打造的電影道具。機頭裝著螺旋槳，引擎發動時，螺旋槳運轉的速度吹起微風，替一旁熱切的氣氛緩和情緒。

巨蛋場館共有十幾個出入口，行銷企劃人員忙碌奔走，每五到十分鐘就會往返各入口一次，手機電磁波也每分每秒外接傳送。他們於前晚十點就抵達會場，手上拿著開過十次以上會議才決定的程序表，每人手配一支對講機，時鐘的分針每走一步，就有平均五人以上透過對講機發話。接待區的工作人員，每人約負責五百到一千個座位。舞台最前方搭起一座二十多公尺高的ＩＭＡＸ巨型螢幕，特別耗資六百萬元從國外引進；後方以鷹架打造出支撐整個螢幕的底座，上方也有幾十盞照明燈，底部有一台五人寬以上的發電機，工程人員每十分鐘就會做一次測試，確定放映時的電壓不會有問題。旁邊還有按鈕極其複雜的杜比環繞立體聲音響，控制全場的喇叭播放出電影音效。

早晨十點三十分，一班高鐵抵達左營高鐵站。電影演員以及當天從台北、台中抵達的工作人員，以兩輛巴士、五輛計程車載送，分別抵達高雄巨蛋。會場後方的停車場已經停了十幾輛SNG車，每個連線記者每隔半小時就會與新聞台確認一次訪問內容。

十一點，另外一班高鐵抵達，十多名文字記者從台北出發抵達高雄會場；期間，現場人員正集結在場館中央進行彩排。在一萬個座位上，高雄文化局工作人員擺下高雄電影節文宣及便利水杯。場外市集開始販售周邊商品，音樂響徹巨蛋周邊百多公尺的範圍，提早前來的觀眾開始聚集在門口，現場工作人員以每小時十五公里的速度奔跑大小空間。

下午一點，場外每個入口處的觀眾依序排列成一條條人龍，每人手上拿著不同顏色的鑰匙圈入場券，依顏色排隊進入不同觀影區，票價從八百、一千到一千二百元，每一人次通過入口便由掃描器掃描一下，代表一個人入場。帶位工作人員在場內接待，管制人員則在場外手持大聲公，疏導進場人潮。一點三十分，全線開放入場，會場內進行媒體訪問，魏德聖導演、高雄市長、文化局長及主要演員分別就上映感想及本次首映進行訪談。

下午兩點，媒體拍攝導演及市長入場，背景為全場觀眾，所有人分別就坐。五分鐘後，全場熄燈，螢幕開始播放高雄電影節廣告及贊助商廣告。

兩點四十四分，電影開始放映。

◈ ◈ ◈

會場內的演員休息室裡，化妝與髮型師正在幫每一位演員上妝，每二十分鐘要搞定一位演員。演員一邊等待，一邊傳閱電影相關書籍，熱切討論書裡自己的劇照，並且在旁邊簽上名字。

所有演員化好妝後，一齊等待慶台的最後裝扮。

「美玲姊到了！」

一位工作人員帶著化妝師杜美玲跑進來，只見她以熟練的手法在慶台右臉頰貼上一個刀疤，幾可亂真。慶台摸摸熟悉的刀疤，緊繃的手開始緩和下來。這一切對他來說，都還像是一場夢。

慶台決定參與《賽德克．巴萊》演出之後，要先接受為期三個月的演員訓練。由於要真實重現過去原住民驍勇善戰的靈活動作，又要能在鏡頭前展現自然到位的演技，每個人必須參與體能和演技的訓練。

慶台以前曾經向外公學習，動作與身手是有的，雖然比不上老祖先那種腳底厚繭達到數公分的很強抓地力，基本動作算是很自然。不過要在鏡頭前表現還是不一樣，需要表現出更多的戲劇張力。

確定所有的主要演員之後，賽德克族的電影總顧問郭明正老師帶著大家前往霧社紀念公園，到莫那．魯道銅像前致意，向祖靈報告電影要開拍了。

那是慶台第一次見到莫那．魯道的銅像。他回憶說：「老實說我不認識他，但是讀過電影的劇本，再看到他的雕像，我的確可以感受到，他當時一定有很多無奈與掙扎。」

慶台自己又何嘗不是？過去一路走來，他在無數的掙扎與無奈之間徘徊。要與漢人做朋友嗎？還是要懷恨在心？是他時常擺盪的問題。他的凌厲眼神，包含了一次又一次面對無情的挫折而累積的怒火。「我想，導演最看中我的就是我的眼神。但是沒有人喜歡天生眼神凶惡，那是在一次又一次磨難中訓練出來的。」

除了天生的眼神，表演時還需要呈現出多層次的情緒，因此負責表演訓練總指導的黃采儀老師幫演員們設計了眼神訓練課程，要求大家盯著蠟燭專注不動。慶台說：「眼神我是有的，但要在鏡頭前保持專注不動是很困難的事情，所以這個訓練能夠磨練我們的專注力。」就這樣練眼神、練心，慶台和其他演員在幾位專業表演老師的指導下漸漸進入狀況。

然而萬萬沒想到的是，在第二階段演員訓練時，因為一次重大事故，慶台差點喪失演出的機會。那天進行跑步體能訓練，他突然覺得心臟一緊。

「那種感覺我沒辦法形容，胸前一悶，整個眼前就昏天黑地了。」

慶台倒下，所有人嚇得立刻衝向前查看情況，緊急把他送到醫院，經診斷是心肌梗塞，立刻動手術裝了兩根支架，並住進加護病房。父親彼厚的狀況彷彿在他身上重演，年輕時抑鬱喝酒、抽菸所累積的疾患腐蝕了他的健康；他就讀玉山神學院之前，死神沒有帶走他，如今卻要在他積極向前邁進時帶走他？

一開始，家人、朋友都勸他辭演，就連一開始很支持他的理力也問他是否要回家休養，因為醫生說至少要休息半年。包括魏德聖也勸他三思，他對慶台說：「你如果決定不要演了，我也絕不會怪你。」

慶台躺在床上，有很多時間好好思考這個問題。「如果我今天演的是臨時角色，或許還可以對導演說，因為生病想辭去演出，」他對家人說，「但今天我很可能是主要演員，如果離開，豈不是一切都要重來？導演非常辛苦，我知道他很有誠意想要說我們原住民的故事，我感受到了。既然走到這一步，就讓我走到最後吧。」

慶台還記得在霧社看著莫那．魯道的銅像，心中隱約有些感覺，但不是非常明確。「因為我不是那個時代的人，也不是賽德克族，」慶台知道自己對原住民還有許多不了解，「但是那個當下，浮現在我心中的是對全部原住民的景仰和責任。」這份責任感驅使他下定決心，只要身體康復，他就會完成這項使命。

「不然改演戲分較少、較輕鬆的角色吧。」理力對他說。

「那就交給導演決定。」

理力看到他那麼堅持，也不好說什麼，決定支持他，把他推向「戰場」。

慶台在醫院休養了三個月，回到南投時，演員訓練已經接近尾聲，剛好趕上最後的演員考試。

「老實說，我覺得我根本不會通過。」離開三個月，慶台對自己並不是很有信心。

過去每一次訓練之後的測驗，都是由表演指導老師用攝影機拍下來，帶回台北給正在積極籌畫拍攝事宜的導演看。而這一次，魏德聖親自來看最後的演員考試，因為這次將會決定每個人在戲中的角色，導演非常慎重。

在那次演出中，慶台飾演一個父親，因為家中孩子相互打架，他要介入調停，剛好就像電影《賽德克．巴萊》中莫那．魯道教訓兩個兒子的對手戲。

考試結束後，導演回到台北，與表演老師及導演組工作人員討論評估。他們回到南投公布角色的那一天，大家坐在一間大教室裡，慶台心想，自己有一段時間沒訓練，演技變得很生疏，演得那麼糟，應該不會得到什麼重要角色。

結果，每一個角色都公布之後，獨缺「中年莫那．魯道」一角。魏德聖看著慶台，朗聲說道：「林慶台，飾演的角色是中年莫那．魯道！」

◈
◈
◈

高雄巨蛋休息室裡，慶台看著所有演員都已起身，他也緩緩站起，朝休息室外面的長廊走去。這整整一年的拍攝過程加上後製期，一幕一幕像走馬燈般在他腦中放映。

拍攝過程非常辛苦，慶台在片場好幾次差點棄演。他不會說賽德克語，片中的每一字、每一句，都是經過族語老師指導後硬背下來的。

「我的台詞最多，當時真的背得很痛苦。」

再加上與飾演日本警察的演員有許多對手戲，慶台不只要背賽德克語，還有許多日語台詞，在年紀偏長的情況下，自然就成為拍攝過程中最常NG的演員。

當時許多演員間流傳一句話：「只要換林慶台拍戲，就是大家可以多休息的時候。」慶台NG的次數，可能也破了魏導演拍片以來的紀錄。然而，他愈是想要背起台詞，一站到鏡頭前就愈是說不話出來。終於有一次，他的忍耐到了極限，在片場整個大爆發。

那場戲是他帶領賽德克勇士們嘲笑日本警察，他要帶著勇士們站在山嶺上，以流利的日文嘲笑日本警察，還要命令狗兒去追趕警察。那天的拍攝進度本來就很不順利，因為有狗追逐人的戲，導演和劇組磨那場戲已經花了很多時間，但動物不管怎樣都跑不到位。

慶台早已感受到現場的沉重氣氛。好不容易拍完狗的戲，緊接著就要拍到他，必須與陽光搶時間，所以導演很嚴肅，現場火藥味也很濃。當時，他的背後有許多勇士演員背著假山豬，重量已壓得大家哀哀叫苦，他們都等著慶台趕快唸完台詞，演好即可收工。

慶台雖然事前已背好，面對鏡頭時卻完全講不出來。他很緊張，努力回想台詞，但無論如何都想不起來，而後面的演員群有人開始竊竊私語。

「我不演了！」

慶台突然大叫起來，把所有人嚇一大跳。

「我不演了！每個人都等著看我笑話，我來這裡是來活受罪的嗎？」

慶台直接離場，拍攝中斷，導演趕緊請表演老師去安撫慶台。

「有什麼好講！還說什麼廢話！」

慶台把遞過來的便當往外摔出去，嚇壞所有人。但是表演老師霈玲很有耐心，她不講些漂亮的安慰話，而是順著他的話說：「好啊，不要演了，但你不覺得很可惜嗎？」

慶台氣呼呼地說：「有什麼可惜的？」

然而他回想這一段時間的努力，不管有多少苦痛都撐了過來，好不容易拍攝期已經過了一半，如果此刻放棄，好像真的有點可惜。於是慶台自己走到一個地方冷靜許久，最後回到現場。

「那麼繼續拍吧。」

「好。」魏德聖放下心來，結果很順利就拍完了。

想到這裡，慶台在放映會場的走廊上左顧右盼，都沒看到魏德聖，心想：「導演應該是在會場裡吧。」

一年多前初見魏德聖時，慶台實在想像不到，這樣一個表面上看起來書生模樣、不是孔武有力的人，居然有這麼強大的意志力，與劇組解決了不知多少個困境，真的把這部戲拍完了。慶台心想，這正是魏導演與工作團隊最不平凡的地方。

在演員群裡，慶台與另外幾位年紀較長的演員有點像其他年輕演員的長輩，碰到需要的時候會負責對外發言。此外有好幾次拍攝經費短缺，演員拿不到薪水，也是慶台跑去安撫離開的演員，請他們回來拍戲。

最嚴重的情況發生在過年的時候，劇組即將放假，但是欠薪的問題實在太嚴重，誰都不知道年假放完後還會有幾個人回來報到。那是大家最難熬的時刻。

在台灣，從來沒有人操作過這麼大規模的電影，導演對於每個環節的要求又沒有半點馬虎，因此預算不斷往上加，經費永遠處於短缺的狀態。到了過年的時候，連同演員和工作人員已經好幾個月沒拿到薪水，製片黃志明到處籌措資金，希望讓大家過個好年。

演員之間很快就開始醞釀罷演潮。除夕夜還沒到，就有一位演員準備離開，慶台趕上前去，只見那位演員回頭對慶台說：「我還有老婆孩子要養，你是要我全家死光光嗎？」

慶台不知該如何慰留，該說的話都已經說過，但他一回頭，看見導演明知很多工作人員應該不會回來，卻還是與黃志明努力打電話籌錢，希望至少給大家一點紅包回家過年。他甚至留下來整理場地，打算過完年後回來拍攝。

「他完全沒有想要放棄。」慶台心裡這樣想。

於是他走上前，大聲對那位演員說：「你看，他知道你可能不會回來，但他還是會繼續拍下去。你要不要回來參與？」

結果，過完年後，整個劇組奇蹟似地幾乎全員到齊。

二〇一〇年七月，慶台和劇組在花蓮拍攝最後兩場戲。首先是與飾演花岡一郎的徐詣帆在河畔的一場重要對話，之後再與飾演他父親魯道・鹿黑的曾秋勝在彩虹瀑布前唱出父子對唱，這是整部電影最動人的一場戲。而慶台所說的最後一句口白，是對花岡一郎這樣說：

「你想進日本人的祠堂，還是回到我們賽德克族的祖靈之家？」

慶台的部分殺青。

◇◇◇

劇組擺桌喝殺青酒的時候，慶台並沒有待太久，因為他急著回到部落家裡，回到山林的懷抱。

電影的後製期非常漫長，慶台白天在部落為遊客做導覽工作，晚上陪著孩子和理力，度過沉靜夜晚。「莎韻之路」開通，林務局將這條舊時的比亞毫古道修整完成，能夠帶著人們走回南澳山區的十多個泰雅族老部落；喜的是慶台，因為他能夠帶著愈來愈多的人走到老部落去，體驗部落的傳統文化氛圍。理力主持的金岳社區發展協會也愈來愈上軌道，一方面協助居民恢復祭儀、保存傳統文化、修建傳統建物、設計教育課程協助居民就業等，另一方面也積極組織生態旅遊，將金岳之美介紹給外來的遊客。

很快地，電影宣傳期即將展開。正式上映前，慶台跟著魏導演和劇組到義大利參加威尼斯影展，放映後的記者會上，各國記者頻頻請慶台單獨留影。他即將成為發光發熱的大明星了。那段期間前後，王嬿妮導演與魏導演合作拍攝短片，記錄慶台從素人成為明星的過程，名為〈登場〉，收錄在《10＋10》電影裡。在短片裡，慶台從一名在南澳小村向上帝懇切祈禱的傳道人，直到站上威尼斯影展的紅地毯面對國際媒體，他的生命即將發生巨大轉變。

準備投入電影宣傳期之前，慶台每天躲在電影公司附近的旅館做體能訓練，盡量練出拍片期的精實體格。魏德聖為了讓觀眾不受任何影響，能夠第一眼看到電影裡的慶台就覺得他是真正的莫那．魯道，決定讓他保持神祕感，拚命把他藏起來，不讓他提前曝光。為防媒體拍攝，慶台開始學習戴上帽子，旅館人員一度以為他是偷渡來台的黑工。

那段時間為了運動，他不時往返旅館與淡水的工作人員家。他從淡水走路到石牌，再到新店，一旁的淡水河和新店溪，與他四十年前來到台北的時候一樣靜靜流淌。那時他住在新店溪對岸的永和，是個找工作到處碰壁、不時遭人毒打、一度淪為流氓的孩子；如今走在同樣的道路上、河流邊，周遭事物卻已全然不一樣。

電影裡的莫那．魯道看著起義的火把，讓慶台回想起童年時代看著大夥兒拿著火把去看電視的情景；莫那．魯道在日本人的權威下忍辱負重，像是映照著慶台年輕時的工作經歷；莫那．魯道在河邊與花岡一郎對話，也讓慶台彷彿聽到自己在復興鄉的懸崖邊，對歐蜜說一定要證明自己，找到自己的方向；五歲時父親彼厚揹著自己的影像，似乎還在慶台的腦裡反覆重現，那就像電影裡莫那．魯道與父親的溪邊對唱，久久盈耳不曾散去。而如今，他終於要「登場」了！

◇ ◇ ◇

晚間七點四十五分，高雄巨蛋放映的《賽德克．巴萊》上下兩集即將進入尾聲，現場一片安靜，因為正進入整個故事的最高潮。慶台與演員們在工作人員帶領下，走過昏暗的走廊，到達舞台下方的一座升降台。

電影播畢，片尾曲〈看見彩虹〉的歌聲迴盪全場，那是每一位參與《賽德克．巴萊》的演員一起錄製的。慶台想到小時候跟隨外公上山，看過無數次彩虹，也聽長輩說過「祖靈橋」，卻從未感受過它的力量。

他突然想起，過去很多次他內心深處最失意的時候，都有一個紋面的老婆婆來到他夢裡，慈愛地看著他。

難道那就是祖靈嗎？慶台不敢這樣說，因為他知道無論是上帝還是祖靈，是不可以隨便猜測的。但他知道，那紋面老婆婆的慈祥面容是告訴他要勇敢，要勇敢堅持下去。這點他深信不疑，每一次都支撐著他繼續前進。

過去原住民運動風起雲湧時，他沒有參與；他一方面懷疑那些人的用心，卻也不免懷疑，自己沒有參與會不會是錯的。當時母親慈愛的笑臉時常出現在他夢裡，他不禁覺得，母親像是要告訴他，即使反抗，也要像父親一樣試著用愛與慈祥去感動他人。

慶台沒有想到的是，除了當傳道人，他如此接近能夠感動他人的時刻，居然是透過一部電影，而且還是一部漢人拍的電影。

「命運不可說，但總是非常巧妙的。」他心裡不禁這樣想。

◈ ◈ ◈

在〈看見彩虹〉的歌聲中，工作人員呼喊指令，升降台慢慢升起，所有演員都很緊張，因為這是他們的容貌第一次在大眾面前曝光。隨著時間一分一秒過去，一點一滴的舞台光線也開始灑下，照耀在每位演員的臉上、手臂上、脖子上，把每個人都照得發光。

慶台站在正中央，過往拍攝期的所有回憶、過往他人生的所有經歷，一瞬間全部襲上心頭。舞台升到頂的那一刻，一道巨大強光投射在慶台眼前，全場歡聲雷動，慶台刻意忍住的情緒終於爆發，他流下了眼淚。等他再度睜開眼時，眼前的一切都是白色無瑕，不帶一點矯揉造作的痕跡。

在這一刻，一切都是平等的。

◇◇ 電影帶給慶台的啟示就是，人與人的相處要互相尊重。圖為慶台於高雄「賽德克．巴萊聯映會」登場前與清流部落族人合影。（果子電影公司提供）

◇◇ 慶台於威尼斯影展會場面對外國媒體。（果子電影公司提供，截自影片〈登場〉畫面）

◇◇ 慶台站在飯店房間的鏡子前，看著即將前往威尼斯影展會場的自己。（果子電影公司提供，截自影片〈登場〉畫面）

第十二章

仇恨消失

【慶台的話】

大家都說原住民是弱勢，但想到未來，我多麼期待原住民能在這個社會找到方法往前走，不再一輩子都是弱勢民族。

原住民一定要思考，在還沒有日本人及國民政府統治之前，過去的生活是什麼樣子。我們在祖先的生活模式和規範裡面活得很好，而今天會變成這樣混亂和分裂，不完全是我們的問題，而是與外來政權的治理方式有關。很不幸的是，經歷這麼長時間，最後我們生活在目前這樣的環境裡。

我媽媽那一輩的老人家和我們這一輩的時代已經過去，現在年輕的原住民孩子有自己的思維、想法以及他們自己看見的世界。我相信如果有機會再次思考，回到祖先的生活精神，以那樣的狀態作為基礎，也許原住民十多個族群可以好好溝通，討論將來要怎麼走。如果我們沒有努力這樣做，很可能又會隨著別人的潮流走。我們原住民必須走出自己的未來，朝這個方向努力。

至於我自己的將來，我從教會工作得到一個感想，現在很多泰雅族人都很負面，沒辦法生存得很好，我希望藉由教會的力量改善這個狀況。我希望把教會經營好，如果教會能做到很好的教導，有帶領作用，對於改善原住民部落的生活會很有幫助。

（圖片：王嬿妮攝影）

二〇一二年春天，《賽德克．巴萊》結束映演，上下集票房總計八億多元，再度刷新國片史上最賣座的紀錄，並打破魏德聖導演自己的紀錄。

電影上映前後，慶台投入密集的宣傳活動，接受大量中外媒體訪問，而自從一開始的威尼斯影展國際記者會，慶台就不斷重複說：「我要感謝上帝！」

這是他始終不忘本的想法，也在每一次的訪問中頻頻提及。甚至當年的金馬獎，《賽德克．巴萊》勇奪最佳影片等五項大獎，而慶台入圍最佳新演員，最後與獎項擦身而過，他也沒有感覺太遺憾，只笑著說：「這本來就不是我該得的獎。」因為他心心念念的，只有做這樣的事是否能夠榮耀原住民，是否能夠榮耀上帝的信仰。

正因如此，泰雅爾中會同意他繼續請假，從戲劇方面服事上帝。慶台年輕時的好友歐蜜，當時身為台灣基督長老教會總會幹事，他對慶台說：「你可以用你的能力讓更多人看見上帝所安排的力量，放手去做吧！」

兩人隔著電話聊天。時隔二十年，過去的一切都已放下，就像回到當年兩人一起在暴風雨中前往神學院考場一樣。

◈ ◈ ◈

向教會請假期間，雖然有數不清的演講、節目訪談和其他戲劇演出，但只要有時間，他就會回到部落，上山打獵及在工寮做手工藝，是他最快樂的時候。此外，他也幫理力執行金岳社區發展協會的計畫。

當時，金岳發展協會已比兩年前更上軌道，以前提出的美夢計畫如今都圓夢進行中。理力說：「我最感動的是，愈來愈多的原住民青年和漢人青年願意回到與來到部落，參與社區發展。」

他們要推動「老人圓夢計畫」，就是帶部落裡已經年老走不動的長者，乘坐他們租用的直升機，回到過去的流興老部落。負責執行計畫的陳芃玲說：「許多老一輩的長者在年輕時遷移到平地部落，如今多半已屆六、七十歲，沒有能力再走五天的山路回到流興了。」於是他們積極募資，希望有一天可以租用直升機帶老人回到舊部落，重溫他們的兒時記憶，而這項計畫已於二〇一三年執行。

慶台那段時間也常舉辦「重返流興部落」活動，一連五天行程，他與部落裡多名長老擔任嚮導，帶領許多年輕人走五天山路，尋訪祖先的生活環境。

由這點點滴滴可以看出，慶台念茲在茲的仍是他的原鄉文化和他的牧會志業。許多人期望他能持續演出，創造更好的前途，他卻很清楚自己真正的志向，不時斬釘截鐵對他人說：「我一定會回到部落傳教。」

從什麼地方來，就回到哪裡去。慶台認為演藝圈本來就不是屬於他的地方，即使教會希望他可以在這個行業運用更多影響力，但他總是說：「我做過我能做的就好了，以後就交給年輕人吧。」

《賽德克．巴萊》上映後，愈來愈多具有原住民血統的年輕人大聲承認自己是原住民。以前許多平地人只知道阿美族或九族文化村，現在也都意識到原住民文化具有如此多樣性。「我猜，這才是導演拍這部電影的本意吧。」慶台心領神會地說。靠著這樣一部電影，如果能感動更多年輕人願意自動自發回到家鄉了解自己的文化，原住民的未來才走得下去。

因此，向教會請假的時間一到，慶台毅然決定淡出演藝圈。他還心繫著傳道工作，也要繼續守護部落文化，一點一滴傳承給年輕人。當初為了演出電影向長老教會請假，他就承諾一定會回到教會。如今演出成功，接下來他準備慢慢回到自己崗位，為村民、為原住民做更多事情。

◈ ◈ ◈

二〇一二年，春天剛開始的三月天，慶台載著一家大小離開部落，準備前往南澳火車站，與電影宣傳期間的助理曾子昂碰面，助理最近開始與慶台進行密集訪談，準備把漫長的「生命故事」記錄下來。

車子剛開到車站，慶台就看到助理在路邊和一位南澳村民聊天，村民遠遠看到慶台的車，立刻扯開嗓子大喊：「大明星來啦！」

「喔，你怎麼會在這裡！」慶台一停好車，就與那位村民閒聊了起來。「走！我們待會去釣魚。」

理力接口說：「什麼釣魚？你沒看到子昂在這裡嗎？」

「子昂！」

一個小男生從車上跳下來，對助理大叫。他是林山，慶台最小的兒子，才國小五年級。後面跟著他的兩個姊姊，林冬和林恩雅。

小男孩睜著一雙圓滾滾的大眼睛，對助理說：「你的手機借我！」

理力在一旁罵道：「林山！又要玩遊戲！」

林山接過手機，笑嘻嘻地跑到一旁。

理力抱歉地說：「這小鬼頭跟他父親最像、最頑皮，國小二年級就會跟著同學上山打獵，還可以打到白鼻心。」

林山是慶台與理力回到金岳部落所生的第五個孩子，從小就喜歡奔跑在田野間，同時又很喜歡玩電腦和手機遊戲。小男生聽了媽媽說的話，在一旁吃吃笑著。

理力故意大聲說：「其實我希望他當牧師！」

慶台本來還在聊天，聽到理力這句話，不耐煩地轉頭罵道：「你讓孩子自己決定嘛！」

一行人走進餐廳吃晚飯。等待餐點送上的空檔，慶台抽空與助理繼續訪談。一旁的電視轉播著NBA籃球賽，林書豪正在美國的麥迪遜花園廣場創造傳奇。每次進球，林書豪都會伸手指天，感謝上帝。

慶台見狀也伸手一指。

「我真的要感謝上帝。像林書豪這樣的人愈多愈好。」

用餐結束後，慶台開車載著家人和助理準備回部落繼續訪談。車子從繁華熱鬧的大街往濃密山林前進。倚靠車窗，一陣涼風吹來，風中瀰漫著濃濃的山林氣息，耳邊突然響起慶台小兒子的歌聲。

「你知道我唱的是什麼歌嗎？」林山唱完詢問助理。

「我知道，是蔡依林的歌。」

「沒錯！『馬德里不思議，突然的想念你，彩繪玻璃前的身影，只有孤單變濃郁……』」林山繼續手舞足蹈唱著。

此時車子開過一座陸橋，往更深山前進。

「那麼，你知道我最喜歡的歌是哪一首嗎？」林山又問。

坐在一旁的兩個姊姊聽完一直笑，搶著說：「不就是《賽德克．巴萊》的歌嗎？」

林山大叫：「不要吵！」然後轉過頭，對著助理擠眉弄眼笑問：「你知道是《賽德克．巴萊》的哪一首嗎？」

這時車子穿過樹林，溪水聲在耳畔響起。回頭一望，只見溪流從叢山峻嶺間蜿蜒流出，奔流向遠方平原，而遠處點點燈火通明。

林山清亮的歌聲再次從耳邊響起。

我是真正的人啊，我是誰啊，
我是達多．莫那，真正的勇士。
當你流出血，你我的仇恨從此消失，
我就是真正的勇士。
我是賽德克．巴萊，真正的勇士，
歡迎你的靈魂居住在我這裡。
我會拿酒及食物供養你，我們之間不再有仇恨
當你流出血，你我的仇恨從此消失。

你成為我們自己人後，
也要與祖靈在一起，守護我的族人。
我與祖靈在一起，
守護我們。

在電影裡，這首歌是由莫那・魯道的兒子達多・莫那所唱。
歌名是〈仇恨消失〉。

慶台於《賽德克・巴萊》上映前在南澳金岳部落主持活動，右為一路陪著慶台發展部落的長老——張金振先生。

電影《賽德克・巴萊》上映後，慶台陸續受邀至各大院校演講，圖為赴台南長榮大學受到熱烈歡迎，手不停地幫師生簽名。（長榮大學祕書處提供）

◇◇ 慶台心繫傳道工作，致力守護部落文化，期許為村民、為原住民做更多事。（王嫵妮攝影）

【後記】

永恆的追尋

二〇一三年一月，慶台離開他前後待了將近二十年的金岳部落，來到新北市烏來區的福山部落（德拉楠部落），開啟他全新的牧會旅程。

之所以會選擇福山，源起於二〇一二年夏天，當時新北市觀光旅遊局在福山規畫了「大羅蘭溪生態護魚步道工程」，藉由推廣生態旅遊，讓更多人親近台北後山這片翠綠山林。當時慶台因為《賽德克．巴萊》成為家喻戶曉的明星，於是《明周》雜誌邀請他為福山的活動站台，並拍攝宣傳影片。

拍攝行程的最後，攝影團隊希望找個動人的場景作為結尾，於是大家來到福山一處溪邊，決定以溪裡小孩的玩水畫面收尾，展現部落的生命力。但是，慶台發現小朋友滿口髒言穢語，他感到非常驚奇。

他問小朋友說：「你們怎麼會這個樣子？」

小朋友居然回答：「我們沒人管，就這樣啊！」

慶台心想，假如有機會再回到教會，他一定要選擇這個地方。

重返教會與部落

慶台向台灣基督長老教會泰雅爾中會請假拍戲的假期即將結束，其實總會同意他繼續以「藝人」身分傳教，但他依然決定返回教會。他在金岳教會的聘期已經結束，他也覺得金岳能夠獨當一面，教會與社區發展協會都發展得很上軌道，他很放心。而有感於福山的情況，加上太太理力知道烏來是大台北地區唯一有原住民（泰雅族）居住的地區，福山又是最偏遠的部落，她認為慶台應該可以在這裡貢獻一己之力，他便立即申請到福山牧會。

「這地方其實比金岳更加困難，」慶台談到福山的狀況這樣說，「金岳地處平地，工作機會多，居民以開卡車居多，大概占了百分之三十，其他人則打零工或做其他工作，但大多數人都有工作。福山則不同，這個地方位處深山，如果沒有謀生技能，根本很難生存。雖然這裡位於發展興盛的烏來觀光區後山，不過還沒有新北市這項生態旅遊計畫以前，他們生活非常困難。」

二〇一三年一月的就職典禮上，來自台灣基督長老教會總會和泰雅爾中會的許多牧師和幹部，以及其他教會和合作機構的友人，齊聲祝賀慶台再度回到教會。《基督教今日報》更以「使徒．巴萊返鄉」為標題，報導他捨棄明星光環，重新投入牧會的動人情操。那天來自金岳與各地教會的福音團體聯袂上台載歌載舞，連當時會友人數僅二十多人的福山教會和村民也一起上台唱歌，歡迎慶台到來，令他非常感動。

他在受訪時說：「莫那．魯道只是一個『曾經』，為神奉獻才是我『永久的志業』。」

結合教會與教育的福山方舟計畫

然而深入了解福山部落後，他才發覺這裡的問題遠比想像中嚴重。「泰雅族部落裡各個家族的凝聚力很強，台灣的政黨選舉便長期利用這一點，介入部落事務的問題太嚴重，每一個里長候選人都代表部落的不同家族，背後也代表不同政黨勢力，沒有當選的候選人家庭與他們的支持者會難過，長久下來就造成分裂。」但慶台也說：「這與泰雅族傳統的散居生活模式也有關係。」

自掃門前雪，這就是慶台與太太理力來到福山留下的最深刻印象。因此，他很快就投入「凝聚」工作，從「教會」與「教育」兩方面同時著手。一開始他先尋找空屋，打算用來建設部落教室，提升小朋友教育品質與環境，但由於資金問題，做到一半就先暫停。

教會部分倒是進行得很順利。慶台原本就與台北家扶中心長年熟識，家扶中心常會來關心慶台的情況。有一次，家扶中心的新店區督導來探訪慶台，慶台提出他想擴建教會的想法，於是督導介紹網路募款平台「Flying V」給慶台認識。

Flying V 結合各方面的專業人才，提出「福山方舟計畫」的擴建教會遠景。在募款宣傳影片中，慶台帶著一群小朋友走過福山的許多地方，講述「挪亞方舟」的故事。

影片一上線就獲得廣大注意，但 Flying V 表示：「這是我們在台灣執行群眾募資以來挑戰的最大金額。」募款目標高達七百七十萬元，等於需要三分之一的台灣人每人捐一元，才能完成這山頂上的夢想。

一開始募資困難，雖然媒體大量曝光報導，但由於金額上限很高，募款異常吃力。後來有許多慈善團體和企業家共同響應，截至二〇一五年七月為止，不但已經超過上限，更募達八百萬元。此外，後來發現工程經費必須再增加，多虧一間建築公司主動願意協助募款，最後順利募集超過一千萬元。

福山方舟計畫目前持續進行法規申請和硬體建設。航向永恆彼端的過程必須歷經洶湧波濤，但慶台的工作步伐不會停下。

永續學習尋找未來的契機

推動方舟計畫的同時，慶台也積極投入教育工作。原先教會長老想租給慶台一家人住的空屋，慶台自己租下，透過個人向外募款，把空屋建立成福山部落教室。談到募款的狀況，慶台說：「我還是很感謝《賽德克．巴萊》帶來的影響，讓我募款比較容易。」

雖然容易受到他人關注及獲得肯定，但說與做依然是兩回事。慶台的部落教室夢想，還得再經歷許多考驗。

「我期望訓練一批人，然後讓他們去影響更多村民！」

就在這時，新北市觀光旅遊局於二〇一五年執行第二波福山觀光輔導計畫，交由慶台協辦。「我很堅持，不管發展什麼事情，都要讓部落的人來參與！」慶台很堅定地說。

不同於第一次他代言的導覽行程幾乎是外來的人主導，慶台全力爭取第二次活動由部落的人擔任嚮導，讓利潤回歸本地住民。「土地的權利是我們的，經營權當然要回到住民手上，才可以改善大家的生活，把住民凝聚起來！」

他與新北市觀光旅遊局及承辦單位星亞旅行社提出「互利」的概念，強調美好山林屬於大家，但外來的旅客前來消費本地住民的居住環境，理應讓住民有獲益的機會。因此在三方合作下，他與承辦的旅行社在剛建好的部落教室內，展開為期三個月的嚮導課程，培養福山當地的登山嚮導。慶台說：「從一開始，我就是為了『教育』的目標而來。」

然而，慶台依然要面對村民的分裂現狀。部落長期處於各過各的狀態，即使慶台在今年當選部落會議主席，也更積極投入教室建設工作，但是嚮導課程都開始了，居然還有一半的住民不知道他在做這件事情。他並沒有氣餒，而是說：「就像以前一開始在金岳也是孤軍奮戰，但我相信終究會看到果實的。」

帶著祖先智慧往前走

他最常告訴教友和住民的話，就是不要再「活在過去」。

過去由於原住民長期遭到一些不懷好意的平地漢人欺騙，瓜分掉大部分的利益，因此大家很難信任漢人。這點慶台感同深受。但他覺得不應該再害怕，不能繼續鎖在傳統領域裡，反而要靠自己茁壯起來，同時不排斥外來的好機會，有機會就努力爭取，透過與對方的良好協調，保護自己人與對方的共同利益，這樣的合作才能為住民謀取最大福祉。

慶台常對嚮導課程的學員說：「人家觀光局和旅行社的老師都很認真啊！別把人家的認真當耳邊風！」

除了嚮導課程，慶台也規畫在課程結束後，準備推動小朋友的課後輔導教育及老人看護工作。教室的二樓還將規畫為工作室，如同過去在金岳及司馬庫斯一樣，持續傳承他的木雕和藤編等藝術工作。

「我們要帶著祖先留給我們的美好智慧，努力往前走。」

誰想得到，這個過去最討厭上課的男孩，如今不但堅持理想、奉獻自己，而且最堅持的是「教育」？

他也對想要回來從事部落發展的年輕人說：「這與你過去的生活完全不一樣！你要能夠承受壓力、要有責任感，還要有心，不可以再依照過去的自由方式過生活！」

當年他是時常喝醉倒在路邊的年輕人，也是最痛恨紀律的男人，如今最珍視的卻是「紀律」這項精神。連他自己都想像不到會有這樣的一天。

回首慶台的一生，從無憂無慮、綠意盎然的年少時代，到中學時期痛苦掙扎的慘綠歲月，再歷經種族對立、夢想破碎的社會現實，一度以為自己快要失去生命，但一場衝破暴風雨的意外人生轉折，卻帶給他新的生命契機。如今他不但完成電影拍攝工作，成為家喻戶曉的明星傳道人，還毅然決然堅持夢想、回到部落，告訴大家什麼是「生命的價值」。

與其說他的教會和教室像是黑暗中的燈火，照亮整個部落，不如說曾經受人照亮的男孩如今終於化為一盞燈，可以照亮所有黑暗的地方。

◇◇ 來到福山部落的慶台，致力提升孩子的教育品質和環境。（七日印象電影公司提供）

◇◇
2015 年 8 月的蘇迪勒颱風重創烏來地區，引發嚴重土石流，多處道路毀損，慶台始終堅守家園，關心族人安全。
（王嫵妮攝影）

致謝

曾子昂

追尋林慶台先生一家人的故事，也像在尋找自己的人生。感謝遠流出版公司給我機會撰寫這麼好的故事，我要特別感謝為本書付出至大心力的編輯王心瑩，她整理了我的思緒，理清了我的文字；她是本書的共同作者，因為有她，我才得以完成這本書。

感謝魏德聖導演與《賽德克・巴萊》。《賽德克・巴萊》開啟我對於台灣原住民的認識，也因此意識到自己所擁有的原住民血統，繼而熟識慶台，才有機會寫這本書。感謝全體劇組人員，因為有你們，我才能擁有這美好也重要的經驗。

感謝在尋訪期間曾經待過的原住民報社《原廣時報》，這讓我更加了解原住民的現況。謝謝尤命・蘇樣、編輯阿冰・伊斯坦大、美編陳秋華，以及每一位訪問過的原住民朋友，不管你們現在在做什麼，我都要說：你們好棒！

感謝一路以來曾在本書撰寫過程中幫助我的朋友，在此一一唱名，如有遺漏，我必須說，我對你獻上最深的感謝：

謝謝魏德聖導演、李秀鑾、陳家怡、鄧莉棋、藍儀、王藝樺、朱大衛、徐榕澤、趙政銘、黃郁茹、黃琇慧、劉慈仁、彭芃貞、王嫣妮、陳嘉妤、黃采儀、吳祈緯、徐詣帆、撒布洛，以及《賽德克・巴萊》所有演員及工作人員。

謝謝宜蘭南澳鄉碧候部落的陳秋德牧師、南澳部落的陳財豐牧師、大同鄉英士部落的李月蘭牧師、何阿高及所有村民。謝謝南澳金岳部落的陳芃伶、吾僞、張金振爺爺、陳明光夫婦、卓若娟、胡祿明、李忠常及所有村民，那是一段美好的訪問時光。

謝謝宜蘭南澳鄉武塔部落的白宗明牧師、宜蘭羅東的黃清勳老師、黃景峰老師、松羅部落的石阿花一家人、花蓮玉山神學院全體師生，訪問期間深受你們的關照。

謝謝台灣基督長老教會的歐蜜・偉浪牧師，以及總會全體員工、各方教會。謝謝鄭光博先生、《看見台灣》導演齊柏林、製片曾瓊瑤、何國杰老師夫婦。謝謝豐華唱片的新玲、冠龍老師、萊萊。謝謝福山部落教會、FLYING V、無有・不二設計以及貝殼放大股份有限公司的林大涵。謝謝牽猴子整合行銷的王師、七日印象電影有限公司的洪廷儀。謝謝《民眾日報》的許永傳大哥。謝謝年代電視台的陳子泰、吳育婷、陳喬雅、張巧欣與張致凱夫婦。

謝謝遠流出版公司出版一部總監王明雪、行銷企劃經理金多誠、編輯林孜懃、陳懿文，你們為了這本書付出了極大心力。

最後要謝謝慶台一家人，因為你們這麼美好的故事，讓我得以追尋記錄，我在你們身上看到生命最美好的見證，這將會是我一生中無法忘懷的經驗，謝謝你們。

最後的最後，我要謝謝我的家人，謝謝你們的包容與鼓勵，還有已經在天家的舅舅丁致成，你是我生命中第一個看到從深淵爬起、透過信主改變生命、最後蒙主寵召的牧師。

謝謝藍天、白雲、大海、山林與生命中所有美好事情，願與正在看本書的你一起分享。

因為有雨，所以才有彩虹。

參考文獻

- 王學新，《日據時期宜蘭地區原住民史料彙編與研究》，臺灣省文獻委員會出版，二〇〇一年一月。
- 李亦園、徐人仁、宋龍生、吳燕和，《南澳的泰雅人：民族學田野調查與研究》上冊，臺北：中央研究院民族學研究所，一九六三年。
- 李亦園、徐人仁、宋龍生、吳燕和，《南澳的泰雅人：民族學田野調查與研究》下冊，臺北：中央研究院民族學研究所，一九六四年。
- 高俊明、楊啟壽著，陳南州、李定印編，《山上的花園：玉山神學院創校60周年紀念特刊》，臺北，永望出版，二〇〇六年九月。
- 田哲益，《台灣原住民社會運動》，臺北，台灣書房出版，二〇一〇年。
- 夷將．拔路兒編著，《臺灣原住民族運動史料彙編》上下二冊，國史館出版，二〇〇八年。
- 陳茂泰編著，《臺北縣烏來鄉泰雅族耆老口述歷史》，臺北縣政府文化局出版，二〇〇一年。

因爲有雨，所以彩虹

原民漢子林慶台的生命故事

作者——林慶台
撰文——曾子昂、王心瑩
圖片提供——林慶台（除特別標註外）

執行編輯——陳懿文、王心瑩
封面設計——王小美
封面照片攝影——王嬿妮
企劃統籌——金多誠、鍾曼靈
出版一部總編輯暨總監——王明雪

發行人——王榮文
出版發行——遠流出版事業股份有限公司　臺北市南昌路二段 81 號 6 樓
電話：（02）2392-6899 傳真（02）2392-6658　郵撥：0189456-1
著作權顧問 / 蕭雄淋律師
2015 年 11 月 1 日初版一刷

定價——新台幣 320 元（缺頁或破損的書，請寄回更換）

ISBN 978-957-32-7735-4

YLib 遠流博識網 http://www.ylib.com　E-mail:ylib@ylib.com

國家圖書館出版品預行編目 (CIP) 資料

因為有雨，所以彩虹：原民漢子林慶台的生命故事 / 林慶台口述；曾子昂、王心瑩撰文 . -- 初版 . -- 臺北市：遠流 , 2015.11
面；　公分
ISBN 978-957-32-7735-4（平裝）
1. 林慶台　2. 臺灣原住民　3. 臺灣傳記

783.3886　　104020886